plurall

Parabéns!
Agora você faz parte do **Plurall**, a plataforma digital do seu livro didático!
Acesse e conheça todos os recursos e funcionalidades disponíveis para as suas aulas digitais.

Baixe o aplicativo do **Plurall** para Android e IOS ou acesse **www.plurall.net** e cadastre-se utilizando o seu código de acesso exclusivo:

AAPFHT8QZ

Este é o seu código de acesso Plurall.
Cadastre-se e ative-o para ter acesso aos conteúdos relacionados a esta obra.

@plurallnet

@plurallnetoficial

SOMOS EDUCAÇÃO

66829_03 - 744

De mãos dadas

ÉTICA E CIDADANIA

6

Ensino Religioso

Avelino A. Correa

Graduado em Teologia e Filosofia.
Professor e conferencista de Ensino Religioso e Filosofia.
Prêmio Jabuti em 2001 pelo livro *Para filosofar*, editora Scipione.

Amélia Schneiders

Licenciada em Pedagogia.
Professora de Ensino Religioso nos Ensinos Fundamental e Médio.
Professora de Didática e Prática de Ensino em cursos de magistério.

editora scipione

editora scipione

Direção de inovação e conteúdo: Guilherme Luz
Direção editorial: Luiz Tonolli e Renata Mascarenhas
Gestão de projeto editorial: Mirian Senra
Gestão e coordenação de área: Wagner Nicaretta e Brunna S. Paulussi (Ciências Humanas)
Edição: Solange Mingorance, André Luiz Botelho Fonseca (assist.)
Colaboração: Andréia Szcypula
Gerência de produção editorial: Ricardo de Gan Braga
Planejamento e controle de produção: Paula Godo, Roseli Said
Revisão: Hélia de Jesus Gonsaga (ger.), Kátia Scaff Marques (coord.), Rosângela Muricy (coord.), Adriana Rinaldi, Ana Paula C. Malfa, Carlos Eduardo Sigrist, Gabriela M. de Andrade, Heloísa Schiavo, Larissa Vazquez e Luís Maurício Boa Nova
Edição de arte: Claudio Faustino (coord.), Simone Zupardo Dias (edição de arte)
Diagramação: Livia Vitta Ribeiro
Iconografia e licenciamento de texto: Sílvio Kligin (superv.), Cristina Akisino e Denise Kremer (coord.), Iron Mantovanello (pesquisa iconográfica), Liliane Rodrigues e Luciana Sposito (licenciamento do texto)
Tratamento de imagem: Cesar Wolf, Fernanda Crevin
Ilustrações: André Valle, Biry Sarkis
Cartografia: Eric Fuzii (coord.)
Capa: Gláucia Correa Koller (coord.) e Aurelio Gadini Camilo
Foto de capa: Seqoya/Shutterstock
Projeto gráfico de miolo: Gláucia Correa Koller (coord.), Talita Guedes da Silva

Avenida das Nações Unidas, 7221, 1º andar, Setor D
Pinheiros – São Paulo – SP – CEP 05425-902
Tel.: 4003-3061
www.scipione.com.br / atendimento@scipione.com.br

Dados Internacionais de Catalogação na Publicação (CIP)
(Câmara Brasileira do Livro, SP, Brasil)

Correa, Avelino A.
De mãos dadas : ética e cidania, ensino religioso / Avelino A. Correa, Amélia Schneiders. -- 11. ed. -- São Paulo : Editora Scipione, 2017. -- (Coleção de mãos dadas)

Suplementado pelo manual do professor
Bibliografia
ISBN: 978-85-474-0029-3 (aluno)
ISBN: 978-85-474-0033-0 (professor)

1. Educação religiosa (Ensino fundamental)
I. Schneiders, Amélia. II. Título III. Série.

17-04944 CDD-377.1

Índices para catálogo sistemático:

1. Educação religiosa nas escolas 377.1
2. Ensino religioso nas escolas 377.1
3. Religião: Ensino fundamental 377.1

2021
ISBN 978 85 474 0029 3 (AL)
ISBN 978 85 474 0033 0 (PR)
Código da obra CL 740095
CAE 621380 (AL) / 621381 (PR)
6ª edição
1ª impressão

Impressão e acabamento: Becrom Gráfica e Editora

Uma publicação SOMOS EDUCAÇÃO

Apresentação

Nossa viagem começa nos primeiros segundos de vida, no primeiro abraço da mãe, na alegria festiva de nossos familiares e amigos e segue mundo afora, com alegrias, dúvidas, frustrações, medos, amores, conquistas e celebrações. A jornada termina em nosso último suspiro, que, assim como aqueles segundos iniciais de vida, é um momento único.

Nesta coleção, vamos refletir sobre a vida e sobre como podemos tornar essa caminhada mais prazerosa, justa e ética – para nós e para os outros.

Aprenderemos, assim, a buscar a verdade, a entender o amor, a serenar as angústias e a continuar em frente diante de tantas opções nessa jornada chamada vida.

O nome Prometeu, personagem da mitologia grega que ofereceu a sabedoria à humanidade ensinando-a a utilizar o fogo, significa "aquele que pensa antes de realizar alguma ação". Sejamos como Prometeu, refletindo antes de agir para evitar que a imprudência nos carregue em direção às armadilhas que aparecem em nosso percurso rumo ao amadurecimento.

Independentemente de sua crença, nosso objetivo é auxiliá-lo a reconhecer os caminhos que podem levá-lo a uma vida boa e ética, sempre agindo com respeito a você mesmo e ao próximo.

Os autores

Conheça seu livro

Este livro é composto de cinco unidades, divididas em três capítulos cada.

As **aberturas de cada unidade** estão sempre em página dupla. Nelas, você encontra imagens que ajudam na reflexão sobre o conteúdo a ser estudado, embasadas por duas perguntas motivadoras que iniciam a discussão coletiva acerca dos diversos temas da unidade.

Cada **abertura de capítulo** traz uma epígrafe com informações pertinentes aos estudos do tema do capítulo.

O **texto introdutório** é muito importante, pois apresenta o tema a ser estudado no decorrer do capítulo.

A seção **Para ler e pensar** está presente no final de cada capítulo, com textos que estimulam a reflexão a respeito de assuntos relacionados ao tema estudado. Sempre leia esses textos e converse sobre eles com seus pais ou responsáveis, colegas e professores.

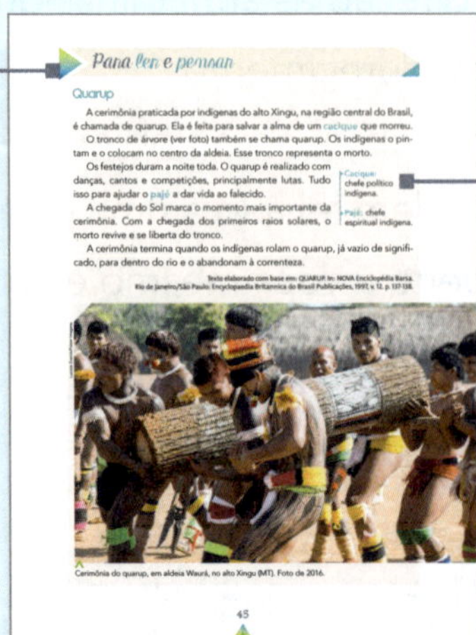

Ao longo de todo o material há indicações de **glossário**. Esse recurso permite encontrar o significado de palavras ou expressões, contribuindo para a compreensão dos conteúdos.

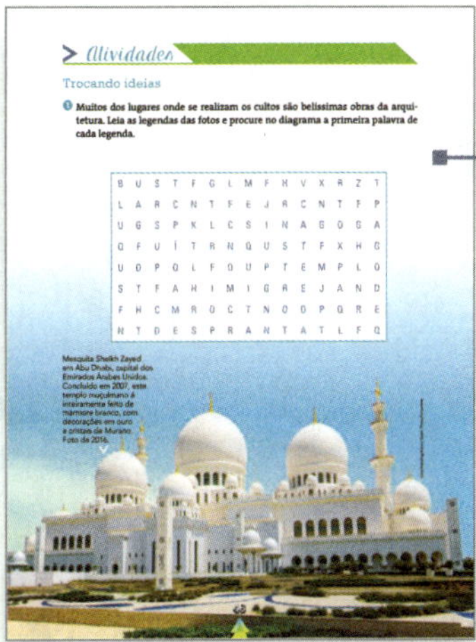

Atividades

Trocando ideias

Muitos dos lugares onde se realizam os cultos são belíssimas obras da arquitetura. Leia as legendas das fotos e procure no diagrama a primeira palavra de cada legenda.

Todos os capítulos apresentam **atividades** que auxiliam a compreensão e o entendimento do conteúdo. Essas atividades focam na retenção do conhecimento e podem ser orais, escritas e realizadas individualmente, em dupla ou mesmo em grupo.

Ainda juntos, pensem e assinalem verdadeiro (V) ou falso (F) para as afirmativas abaixo.

( ) Os tipos de culto existentes são de louvor, expiação, agradecimento e petição.

( ) Os tipos de culto existentes são de reclamação e expiação.

( ) Os lugares sagrados podem ser igrejas, mesquitas e castelos.

( ) Alguns elementos que ajudam a tornar os cultos mais alegres e solenes podem ser cantos, reflexões e leituras.

( ) Alguns elementos que ajudam a tornar os cultos mais alegres e solenes são músicas e orações.

Vamos refletir?

Releia o capítulo e complete as frases com a função de cada culto.

a) O culto de louvor serve para ______

b) O culto de petição tem função de ______

c) O culto de agradecimento é para ______

d) O culto de expiação tem o objetivo de ______

Saiba mais

Templo Zu Lai (budismo)

Basílica de São Pedro (catolicismo)

Ao final de cada unidade, a seção **Saiba mais** traz indicações de filmes, documentários, *sites*, livros ou palestras que vão ajudá-lo a ampliar o conhecimento sobre os assuntos estudados. Todo o material sugerido pode ser visto tanto em sala de aula quanto em casa.

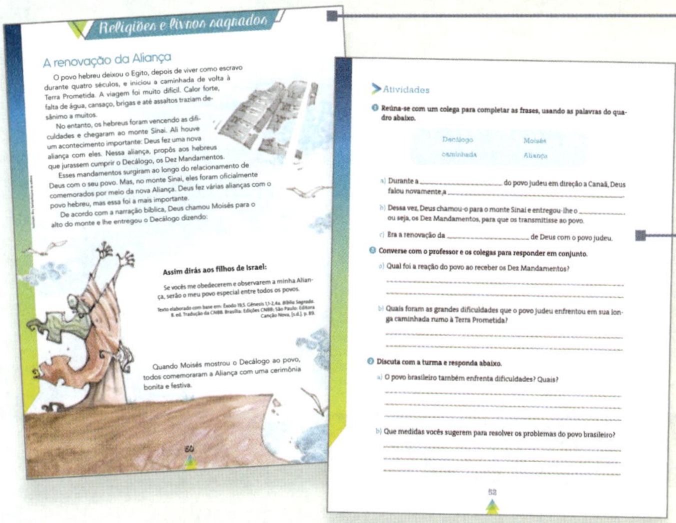

Religiões e livros sagrados

A renovação da Aliança

Atividades

Para finalizar, cada unidade traz uma seção muito especial chamada **Religiões e livros sagrados**, em que são dadas informações mais detalhadas sobre algumas das principais religiões e suas crenças. Além disso, são abordados alguns dos livros considerados sagrados para várias religiões.
Após o texto da seção, há **atividades** ligadas especificamente ao seu conteúdo.

Bibliografia

Ao final da obra você encontra a **Bibliografia**, com indicações que podem auxiliá-lo no aprofundamento do estudo e da pesquisa relacionados ao Ensino Religioso.

Sumário

UNIDADE 1 *Por que estudar Ensino Religioso?* 8

everst/Shutterstock

Capítulo 1 *A importância do ensino religioso* ... 10

PARA LER E PENSAR: Intolerância religiosa ... 12

ATIVIDADES ... 13

Capítulo 2 *Ensino religioso ou catequese?* ... 15

PARA LER E PENSAR: Calvin e Haroldo ... 16

ATIVIDADES ... 17

Capítulo 3 *O que é religião?* ... 19

PARA LER E PENSAR: O astronauta e o médico ... 20

ATIVIDADES ... 21

RELIGIÕES E LIVROS SAGRADOS: Abraão, pai de um grande povo ... 24

UNIDADE 2 *Dúvidas e mais dúvidas* 28

Capítulo 4 *As grandes perguntas* ... 30

PARA LER E PENSAR: Os mistérios de Deus ... 32

ATIVIDADES ... 33

Capítulo 5 *As primeiras religiões* ... 36

PARA LER E PENSAR: O animismo ... 39

ATIVIDADES ... 40

Capítulo 6 *Cultos e lugares sagrados* ... 42

PARA LER E PENSAR: Quarup ... 45

ATIVIDADES ... 46

RELIGIÕES E LIVROS SAGRADOS: A renovação da Aliança ... 50

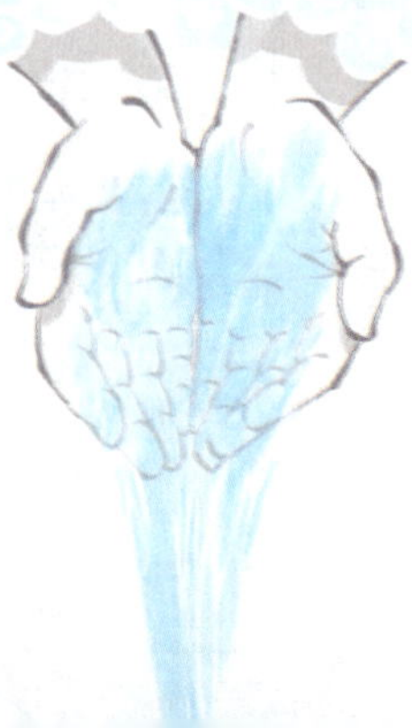

Biry Sarkis/Arquivo da editora

UNIDADE 3 A criação do mundo 54

Zvonimir Atletić/Alamy Stock Photo/Fotoarena

Capítulo 7 A criação do mundo na Bíblia 56
PARA LER E PENSAR: Sábado e domingo 58
ATIVIDADES 59
Capítulo 8 Adão e Eva 63
PARA LER E PENSAR: Expulsos do paraíso 65
ATIVIDADES 66
Capítulo 9 O bem e o mal 69
PARA LER E PENSAR: Caim e Abel 71
ATIVIDADES 72
RELIGIÕES E LIVROS SAGRADOS: A nova Aliança 75

UNIDADE 4 As mitologias 80

Biry Sarkis/Arquivo da editora

Capítulo 10 A importância das mitologias 82
PARA LER E PENSAR: O castigo de Prometeu 84
ATIVIDADES 85
Capítulo 11 A caixa de Pandora 87
PARA LER E PENSAR: A rainha do mar 90
ATIVIDADES 91
Capítulo 12 Narciso, belo e infeliz 94
PARA LER E PENSAR: Os perigos da vida 96
ATIVIDADES 97
RELIGIÕES E LIVROS SAGRADOS: O filho de Deus 100

UNIDADE 5 Você filósofo: do mito à filosofia 104

André Valle/Arquivo da editora

Capítulo 13 O que é filosofia? 106
PARA LER E PENSAR: Provérbios dos povos 108
ATIVIDADES 109
Capítulo 14 Onde surgiu a filosofia? 112
PARA LER E PENSAR: A verdade da razão 114
ATIVIDADES 115
Capítulo 15 Os primeiros filósofos 118
PARA LER E PENSAR: Filosofia 119
ATIVIDADES 120
RELIGIÕES E LIVROS SAGRADOS: Bíblia, um livro fascinante 124

BIBLIOGRAFIA 128

UNIDADE 1

Por que estudar Ensino Religioso?

1. A importância do ensino religioso
2. Ensino religioso ou catequese?
3. O que é religião?

Muitos acreditam que Stonehenge, na Inglaterra, pela sua posição na Terra em relação ao movimento solar, era um santuário para adorar o Sol. Estima-se que a construção do local tenha se iniciado há mais de 4 mil anos. Foto de 2015.

Kevin Lavorgna/Shutterstock

Hemant Chawla/India Today Group/Getty Images

O templo hindu Swaminarayan Akshardham em Nova Délhi, Índia, é considerado um dos maiores do mundo. Foto de 2007.

1. O que você espera aprender com a disciplina Ensino Religioso este ano?
2. Quais são as vantagens de conhecer as religiões?

Capítulo 1

A importância do ensino religioso

Onde está a esperança, ali também está a religião.

ALVES, Rubem. ***O que é religião***. São Paulo: Ars Poética, 1996. p. 101.

Mario Tama/Getty Images

Vista panorâmica da Catedral de Brasília (DF), dedicada a Nossa Senhora Aparecida. O projeto da catedral foi feito pelo arquiteto Oscar Niemeyer. Foto de 2015.

As religiões fazem parte da cultura dos povos. Elas são inseparáveis da história universal. Quem se interessa pela história do Brasil, por exemplo, também deve estudar suas religiões, pois influenciam a maneira de pensar e agir do povo.

Neste capítulo, vamos conhecer a diferença entre ensino religioso e catequese, a diferença entre um país ateu e um que possui uma religião oficial e muito mais.

Durante vários séculos, o catolicismo foi a religião oficial do Estado brasileiro, ou seja, política e religião eram unidas, uma interferia na outra **mutuamente**.

Hoje, o Brasil é um Estado laico, isto é, sem religião oficial. Na legislação brasileira há vários itens que condenam a discriminação religiosa. A separação entre a Igreja e o Estado no Brasil deu-se em 1890, logo depois da proclamação da República.

Anualmente, os bispos brasileiros da Igreja Católica Romana lançam a Campanha da Fraternidade **Ecumênica**. Criada em 1964, a campanha não trata apenas de religião, mas também de solidariedade, cidadania, saúde, educação, meio ambiente, paz, trabalho, justiça.

CNBB/Agência Arcanjo

Cartaz da Campanha da Fraternidade 2017. Por ser uma iniciativa ecumênica, a cada ano os cristãos de diversas denominações refletem a respeito de um tema atual. Em 2017, o tema foi *Fraternidade: biomas brasileiros e defesa da vida.*

Em vários países do mundo, religião e Estado permanecem unidos: são os chamados Estados confessionais. Nesses casos, o chefe religioso é também o líder político. Por exemplo, se isso acontecesse no Brasil, a pessoa eleita presidente da República também seria líder maior da religião oficial do país.

Em alguns desses Estados, os ateus ou adeptos de outras religiões não oficiais são perseguidos.

A moral sempre recebeu influência das religiões. Não matar pessoas e não roubar, por exemplo, são mandamentos milenares das religiões. Na prática das religiões, aprendemos o valor da humildade, da caridade, do perdão, etc.

Mútuo: o que se faz ou se dá em troca de algo similar. O mesmo que recíproco.

Ecumênico: o que une pessoas de diferentes religiões.

Perguntas difíceis

As religiões são importantes principalmente porque oferecem respostas a uma série de perguntas difíceis que nem a ciência nem outras formas de conhecimento humano conseguem responder: questões sobre a existência de Deus, o sentido da vida, a existência de vida após a morte, etc.

> A religião tem um papel central na cultura humana. A ciência diz respeito ao poder, não dá um sentido à vida – isso é função da religião. Nem todo o avanço científico pode eliminar a religião, pois suas raízes não estão na ignorância, mas na necessidade humana de buscar um sentido para as coisas. Prova disso é que, para muitas pessoas, a ciência – com sua promessa de eterno progresso – torna-se ela mesma uma religião.

GRAY, John. *O peso das ilusões*. Disponível em: <https://ateus.net/artigos/entrevistas/o-peso-das-ilusoes/>. Acesso em: 22 set. 2016.

Para ler e pensar

Intolerância religiosa

O cristianismo surgiu há cerca de 2 mil anos, durante o Império Romano. Os romanos perseguiram os cristãos por séculos porque o império já tinha uma religião oficial. Centenas de cristãos foram castigados e mortos nessa fase. Muitos foram transformados em objetos de diversão para os romanos: eram jogados nas arenas e devorados por leões.

Alguns séculos mais tarde, o cristianismo conseguiu liberdade de culto, e os cristãos puderam praticar livremente sua religião.

Tempos depois, o cristianismo se tornou a religião oficial do império. Com isso, as outras religiões começaram a ser proibidas e seus praticantes, perseguidos.

Ainda hoje existe intolerância religiosa em vários lugares do mundo, o que acarreta guerras civis, perseguições e mortes.

Como você pode perceber, a religião é parte importante da história universal.

Museu de Artes Walters, Baltimore, EUA/Bridgeman Images/Easypix Brasil

Nos coliseus, muitos cristãos foram mortos por leões ou outros animais. *A última oração dos mártires cristãos*, do francês Jean-Léon Gérôme, 1863-1883. (Óleo sobre tela, 87,9 cm × 150,1 cm.)

Atividades

Vamos refletir?

1 **Leia a afirmativa abaixo e descubra qual é a última frase, escrevendo as palavras de trás para a frente.**

Segundo o filósofo francês Henri Bergson, existem sociedades ou grupos humanos que não têm Ciência nem Arte nem Filosofia.

- religião sem alguma sociedade existiu nunca Mas

____.

2 **Leia e complete, consultando o banco de palavras.**

matéria	patrimônio	pesquisa	povos
mente	conhecimento	benefícios	ignorância

a) A religiosidade é um ____________ cultural de todos os ____________.

b) Por isso, a religiosidade deve ser também ____________ de estudo e ____________.

c) Ora, se a ____________ é a mãe da intolerância, conclui-se que o ____________ contribui muito para superar as rivalidades.

d) O conhecimento abre a ____________ humana e traz imensos ____________.

3 **O ensino religioso pode despertar nas pessoas qualidades que enriquecem o caráter e a convivência com os demais. No diagrama (caça-palavras) há 14 dessas qualidades. Localize-as, circule-as e escreva-as na lista.**

L	B	F	R	A	T	E	R	N	I	D	A	D	E	K	H	C	G	U
F	T	L	C	M	L	T	E	J	N	T	P	E	R	D	Ã	O	K	N
J	S	T	H	O	N	E	S	T	I	D	A	D	E	F	M	O	L	I
J	X	F	U	R	G	C	P	K	J	N	Z	F	G	O	O	P	G	Ã
U	J	I	M	T	O	L	E	R	Â	N	C	I	A	G	Q	E	N	O
S	O	L	I	D	A	R	I	E	D	A	D	E	G	H	Q	R	N	L
T	Q	T	L	K	E	G	T	F	Q	E	N	B	O	N	D	A	D	E
I	M	F	D	L	C	R	O	L	F	K	P	S	G	U	N	Ç	M	P
Ç	B	L	A	K	X	N	C	O	M	P	R	E	E	N	S	Ã	O	L
A	D	J	D	N	F	L	N	Q	H	K	J	L	F	L	M	O	P	F
G	F	T	E	K	M	T	G	F	Ç	N	T	J	N	V	D	N	B	T

1. ____________
2. ____________
3. ____________
4. ____________
5. ____________
6. ____________
7. ____________
8. ____________
9. ____________
10. ____________
11. ____________
12. ____________
13. ____________
14. ____________

Trocando ideias

4 **Depois de conversar com o professor e os colegas, responda se você concorda ou não com as afirmativas abaixo e explique por quê.**

a) Alunos de uma escola municipal pediram mais aulas de Ensino Religioso.

A ÁRVORE do saber, Ensino Religioso interdisciplinar. *Diálogo:* religião e cultura. São Paulo: Paulinas, ano 14, n. 56. out. 2009.

b) O cérebro humano é uma usina de ideias, e não um banco de dados.

c) Atitudes dizem mais que palavras. Nossas atitudes chegam antes de nossas palavras.

5 **Leia abaixo a opinião de alguns alunos.**

"Estou aprendendo que os livros sagrados têm vários ensinamentos em comum."

"Eu aprendi que há muitas formas de expressar a religiosidade."

"Na minha classe discutimos sobre o jeito de ser de cada religião. Isso foi muito legal."

"Eu aprendi a tratar melhor minha família, meus colegas e a conviver bem com todos."

- **Agora pense e escreva no balão o que você espera das aulas de Ensino Religioso.**

Capítulo 2

Ensino religioso ou catequese?

A religião amansa os bravos e alenta os fracos.

MARICÁ, Marquês de. ***Máximas, pensamentos e reflexões***. Brasília: Fundação Biblioteca Nacional, 2012. *E-book*.

Andrii Shevchuk/Alamy Stock Photo/Fotoarena

Primeira comunhão, importante cerimônia de iniciação da Igreja católica, na Ucrânia. Foto de 2016.

A catequese é diferente do ensino religioso. Aquela busca preparar as pessoas para a prática de uma determinada religião; este visa à pesquisa das manifestações religiosas humanas.

Neste capítulo, vamos estudar as diferenças fundamentais entre essas duas formas de se aproximar do divino.

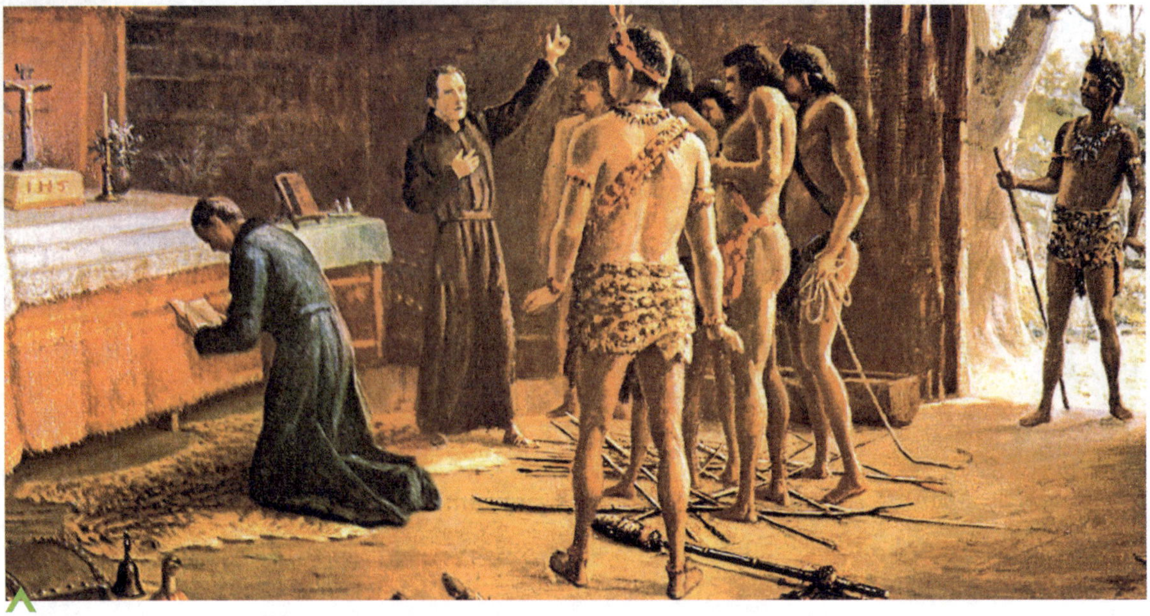

Os jesuítas portugueses catequizaram muitos indígenas brasileiros. *Na cabana de Pindobuçu*, de Benedito Calixto, 1920. (Óleo sobre tela, 42 cm × 65,5 cm.)

É importante não confundir ensino religioso com catequese. O objetivo do ensino religioso não é convencer os alunos à prática de uma das religiões existentes. A escola deve respeitar a liberdade religiosa dos alunos, incluindo aqueles que não seguem nenhuma religião.

Em geral, o ensino religioso trata das virtudes do ser humano, como compaixão, solidariedade, amor ao próximo, justiça, etc. Esses temas são geralmente compartilhados entre todas as religiões.

O ensino religioso aborda assuntos **intrigantes**, como o tratado na tirinha a seguir.

Intrigante: que provoca curiosidade.

Para ler e pensar

Leia com atenção a tirinha e reflita.

WATTERSON, Bill. *Gazeta do Povo*, Curitiba, 8 jan. 2000. Caderno G, p. 4.

Atividades

Vamos refletir?

1 **Relacione a coluna da esquerda com a da direita, considerando as diferenças entre catequese e ensino religioso.**

(1) Catequese

(2) Ensino religioso

( ) Direciona-se aos seguidores de uma determinada religião.

( ) Enfoca o conhecimento da diversidade religiosa.

( ) Tem como objetivo a prática.

( ) Não se limita a um público-alvo determinado.

( ) Explica os princípios e as leis que norteiam a religião escolhida.

( ) Abrange a totalidade do fenômeno religioso.

( ) É doutrinação, vivência.

( ) É informação, conhecimento.

2 **Agora você já consegue distinguir as diferenças entre catequese e ensino religioso. Leia com atenção as afirmações abaixo, pense e complete.**

a) Dá uma visão geral do panorama religioso no mundo, sem deter-se em particularidades de uma determinada religião: ______________________.

b) Desenvolve conteúdos como ritos, símbolos, crenças e textos sagrados referentes a uma determinada religião: ______________________.

c) A instrução religiosa que recebo na igreja chama-se ______________________.

d) A instrução religiosa que recebo na escola chama-se ______________________.

3 **Coloque a palavra "escola" nas lacunas de cada frase. Depois escreva seu comentário na página seguinte.**

a) Ninguém precisa ir à ______________________ para descobrir qual é a sua religião. Isso é direito e dever da família.

b) Ninguém precisa ir à ______________________ para aprender determinada religião. Isso é dever da catequese.

c) Mas todos precisam do ensino religioso para entender a diversidade religiosa. Isso, sim, é dever da ______________________.

- Você concorda com as afirmações anteriores? Comente.

Trocando ideias

4 **Converse com o professor e com os colegas sobre as questões abaixo e depois escreva sua resposta.**

a) Você já frequentou algum tipo de catequese ou aulas de doutrina de alguma religião? Compartilhe sua experiência com a turma.

b) O Ensino Religioso como disciplina busca respeitar a pluralidade cultural e a diversidade religiosa. Comente.

c) É importante que saibamos respeitar quem optou por seguir determinada religião e também quem não tem religião nenhuma. Certo ou errado? Por quê?

5 **Muitas das virtudes e qualidades de que trata o Ensino Religioso são iguais em quase todas as religiões, como amar, ajudar, perdoar, tornar-se melhor, construir a paz. Discuta com o professor e os colegas as ideias abaixo e depois escreva sua opinião.**

a) Como seria o mundo se essas ideias fossem realmente praticadas?

b) Qual delas, em sua opinião, está fazendo mais falta no mundo de hoje? Explique.

c) Em sua escola ou em seu bairro você percebe algum esforço para pôr em prática essas ideias? Dê exemplos.

Capítulo 3

O que é religião?

O estudo da religião [...], longe de ser uma janela que se abre apenas para panoramas externos, é como um espelho em que nos vemos.

ALVES, Rubem. ***O que é religião***. São Paulo: Ars Poética, 1996. p. 9.

everst/Shutterstock

Cada um de nós cria formas de se conectar com Deus. Orar junto à natureza é uma das escolhas.

A palavra religião vem do latim, língua antiga que deu origem a muitas línguas atuais, incluindo o português.

Os estudiosos ainda não chegaram a um acordo sobre o significado da palavra religião. Para uns, ela significa a religação entre a humanidade e Deus; para outros, é uma constante tentativa de compreender os **mistérios** de Deus.

Neste capítulo, vamos aprender um pouco sobre o surgimento das religiões e sua influência no modo de vida das sociedades.

Mistério: aquilo que a mente humana é incapaz de compreender.

Guillaume Payen/LightRocket/Getty Images

Monges e noviços budistas oram em frente ao templo Wat Phra Dhammakaya durante a comemoração do Dia da Terra, em Bangcoc, Tailândia. Os participantes do evento destinam-se a oferecer generosidade ao próximo e a obedecer aos preceitos de Buda. Foto de 2016.

As religiões existem desde que os primeiros humanos começaram a viver em grupos, há milhares de anos. Elas fazem parte da história dos povos. As práticas religiosas resistem a todas as invenções da tecnologia, como as viagens espaciais, o avião, o telefone, o automóvel, o cinema, a televisão, o computador e o celular. Assim como a luz do Sol, elas estão espalhadas por toda a Terra, arrastando multidões pelas ruas e lotando igrejas e outros lugares sagrados. Portanto, quem ignora as religiões não pode dizer que conhece a história da humanidade.

Para ler e pensar

O astronauta e o médico

Uma vez, um astronauta e um médico russos discutiam religião. O médico era cristão e o astronauta, não.

— Já estive várias vezes no espaço, disse o astronauta, e nunca vi nem Deus nem anjos.

— E eu já operei muitos cérebros inteligentes, respondeu o médico. E também nunca achei um único pensamento. Isso não significa que os pensamentos não existam.

Assim como os pensamentos, Deus não é visível, pelo menos não aos olhos humanos.

Texto elaborado com base em: GAARDER, Jostein. *O mundo de Sofia*. São Paulo: Cia. das Letras, 2013. p. 250.

Biry Sarkis/Arquivo da editora

Atividades

Trocando ideias

1 **Converse com o professor e os colegas sobre as questões abaixo, depois escreva um resumo sobre sua conclusão.**

a) O que é religião?

____

____

b) Você acredita que há povo sem religião? E pessoas?

____

____

c) Por que é importante conhecer melhor as religiões?

____

____

Vamos refletir?

2 **Procure no meio das letras as palavras que completam as frases.**

a) O termo "religião" refere-se a uma atitude de relacionamento entre dois personagens. Quais são eles? ______________________.

F	X	Q	D	E	U	S	X	L	E	Q	F	O	G	Ç	H	O	M	E	M	V	N

b) O significado de religião é muito amplo, pois diz respeito à totalidade da ______________________.

R	B	X	K	S	V	I	D	A	K	Ç	T	J	H	U	M	A	N	A	B	Q	P	R

3 **Pense e responda.**

a) Há questões que nem um sábio nem ciência alguma conseguem responder. Só a religião. Você saberia citar uma dessas questões?

____

____

b) Quais são suas maiores dúvidas ou inquietações sobre religião?

____

____

c) Com quem você conversa sobre assuntos de religião? Consegue esclarecer suas dúvidas?

____

____

Pensando juntos

4 Converse com um colega e, juntos, completem as frases, organizando as letras que estão entre parênteses.

a) Todas as formas de ______________________ correspondem aos anseios espirituais do ser humano. (i r l g ã e i o)

b) Cada religião expressa de maneira própria sua forma de crer, mas todas têm em comum a busca da ______________________. (d d a e r v e)

c) A religião que busca a justiça, a harmonia com a natureza e a paz entre os povos merece todo o ______________________. (r p s i e o t e)

5 Para completar as frases, circule as palavras que melhor se adaptam ao contexto de cada afirmação e depois reescreva-as nos devidos espaços.

determinada religião	crenças dos outros
garantir a paz	tolerância

a) As pessoas têm o direito de defender sua religião, mas também têm o dever de respeitar a religião dos outros. Isso se chama ______________________.

b) Um pouquinho de humildade é suficiente para reconhecer que a verdade não é monopólio de uma ______________________.

c) É necessário ter não só tolerância, mas também reverência pela diversidade das ______________________.

d) Somente a reverência, esse profundo respeito mútuo, é que pode ______________________.

Momento de oração

6 Forme um grupo com alguns colegas e preparem um belíssimo jogral com esta oração da fé Bahá'í. Os princípios fundamentais de cada bahá'í podem ser resumidos na crença na unicidade de Deus e da humanidade e na igualdade entre todos os membros da família humana.

A terra como um só lar

Ó tu, Senhor bondoso!
Une todos,
faze as religiões concordarem
e torna as nações uma só.
Para que sejam todos
como uma só família
e tenham a Terra como um só lar.
Ó, Deus, estabelece a suprema paz,
enlaça os corações,
ilumina os olhos,
alegra os ouvidos
e abriga-nos no recinto de
tua providência!
Tu és clemente,
aquele que perdoa
as faltas da humanidade.

GIL FILHO, Sylvio F. O sagrado, essência do fenômeno religioso e coração da experiência religiosa presente no cotidiano. *Diálogo:* religião e cultura. São Paulo: Paulinas, ano 11, n. 42, p. 23, maio 2006.

Biry Sarkis/Arquivo da editora

Saiba mais

A história de Deus (com Morgan Freeman), National Geographic Channel, 2016.

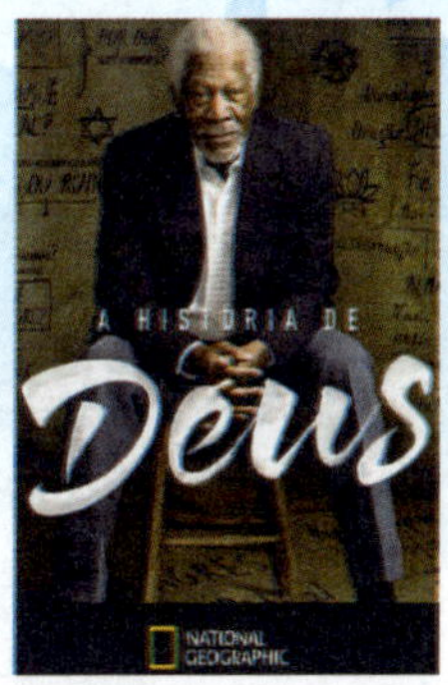

Reprodução/National Geographic Channel

Documentário que busca refletir sobre Deus em várias tradições religiosas. Cada episódio (são seis) foca uma questão a respeito do divino: o mistério da Criação, o verdadeiro poder dos milagres até a promessa da ressurreição. Disponível em: <https://tinyurl.com/lf3hcj8>. Acesso em: 14 maio 2017.

Abraão, pai de um grande povo

O povo judeu teve origem a partir de uma **aliança** feita entre Deus e Abraão.

Diz a Bíblia que um dia Abraão recebeu de Deus uma promessa incrível: ele seria o iniciador, o pai de um grande povo.

Aliança: acordo, compromisso.

Deus lhe disse:

— Deixa teus pais, tua família,

tua cidade e vai para a terra que te mostrarei.

Farei de ti um grande povo.

Eu te abençoarei e engrandecerei teu nome.

Texto elaborado com base em: Gênesis 12,1-2. *Bíblia Sagrada*. 8. ed. Tradução da CNBB. Brasília: Edições CNBB; São Paulo: Editora Canção Nova, [s.d.], p. 25.

Abraão era casado com Sara. Como ambos já eram idosos e não tinham filhos, Abraão não entendeu como poderia ser pai de um grande povo. Mesmo assim, acreditou nas palavras de Deus e partiu para a terra que lhe havia sido prometida.

Abraão nasceu em Ur, na Mesopotâmia. Mas o encontro com Deus foi em Haram, onde Abraão morava na época. A Terra Prometida era Canaã, que mais tarde passou a ser chamada Palestina.

Isaac: a surpresa

Abraão e Sara, apesar de idosos, tiveram um filho, que recebeu o nome de Isaac. De sua descendência surgirá o grande povo que Deus prometera a Abraão.

Quando moço, Isaac casou-se com Rebeca; dessa união nasceram Esaú e Jacó.

Jacó, por sua vez, cresceu, casou e teve doze filhos. Daí para a frente, o povo de Deus não parou de crescer.

Esse povo recebeu vários nomes no decorrer de sua história: povo hebreu; povo israelita e povo judeu.

André Valle/Arquivo da editora

A fé de Abraão

A religião judaica fundamenta-se na aliança que Deus fez com Abraão. Tal aliança foi renovada outras vezes com seus descendentes.

Essa aliança supõe compromissos de ambas as partes. Deus prometeu a Abraão uma terra e numerosa descendência. O papel de Abraão, por sua vez, era acreditar nas palavras divinas e partir rumo ao destino indicado por Deus. E foi o que Abraão fez.

A fé e o compromisso são as duas faces do judaísmo, do cristianismo e do islamismo – as três grandes religiões que seguem o Deus único de Abraão. Deus doa-se, mas exige uma resposta positiva e atuante do homem.

Mais tarde, Deus testou novamente a fé de Abraão: ordenou que lhe oferecesse Isaac em sacrifício. O sacrifício humano em homenagem aos deuses era um costume dos povos vizinhos. Apesar da angústia em sacrificar seu único e querido filho, Abraão preparou-se para obedecer a Deus. No último minuto, porém, um anjo impediu que Isaac fosse morto.

Ao longo de sua história, o povo judeu foi alternando fidelidade e desrespeito à aliança com Deus.

Testemunho de fé

Acredito no Sol, mesmo quando ele não esteja brilhando;

acredito no amor, mesmo que não o sinta;

acredito em Deus, mesmo que ele esteja em silêncio.

Texto encontrado em uma cela onde um judeu se escondeu dos nazistas durante a Segunda Guerra Mundial.
BOLKER, John. *Para entender as religiões.* São Paulo: Ática, 2010. p. 113.

Atividades

1 **Leia as frases, reflita e marque verdadeiro (V) ou falso (F) conforme sua análise das afirmativas.**

( ) O início da história do povo de Deus é contado no primeiro livro da Bíblia, chamado Gênesis.

( ) A formação desse povo especial começa com Isaac, que acreditou na promessa que Deus lhe fez.

( ) Abraão nasceu em Ur, na Mesopotâmia, e era casado com Sara, mas durante muitos anos não tiveram filhos.

( ) Abraão e Sara tiveram seu único filho um ano após o casamento.

( ) Após o nascimento de Isaac, começou a se cumprir a promessa de que Abraão se tornaria o pai de um grande povo.

2 **A vida do povo de Abraão não foi fácil, mas sua fé não fraquejou. Leia as frases abaixo e assinale as melhores alternativas.**

Album/De Agostini/G. Dagli Orti/Fotoarena/Galeria Magyar Nemzeti, Budapeste, Hungria.

Viagem de Abraão de Ur para Canaã, do artista húngaro Jozsef Molnar, 1850. (Óleo sobre tela, 112 cm × 130 cm.)

Tenhamos coragem!
[...] Deus jamais abandonou
nosso povo.

FRANK, Anne. *O diário de Anne Frank*. São Paulo: Círculo do Livro, [s.d.]. p. 144.

[...] acredito em Deus,
mesmo que Ele esteja
em silêncio.

Judeu anônimo.

- **Essas duas pessoas, em suas dificuldades, demonstraram que:**

( ) mesmo nas contrariedades, é possível crer.

( ) a melhor forma de lidar com os problemas é ignorá-los.

( ) sua fé era semelhante à fé de Abraão.

( ) diante do sofrimento é impossível acreditar em qualquer coisa positiva.

( ) a fé deles era maior que seu desespero.

3 **Para relembrar, em dupla com um colega, numerem as frases na ordem em que os fatos ocorreram.**

( ) Jacó, um dos filhos de Isaac, teve doze filhos.

( ) Nascimento de Abraão em Ur.

( ) Nascimento de Isaac, filho de Abraão e Sara.

( ) Isaac casou-se com Rebeca e teve dois filhos: Esaú e Jacó.

( ) E assim foi se formando o povo de Deus.

( ) Casamento de Abraão com Sara.

( ) Abraão recebeu de Deus uma incrível promessa.

4 Consulte o texto e, com um colega, completem a cruzadinha com os vários nomes que o povo de Abraão recebeu ao longo do tempo.

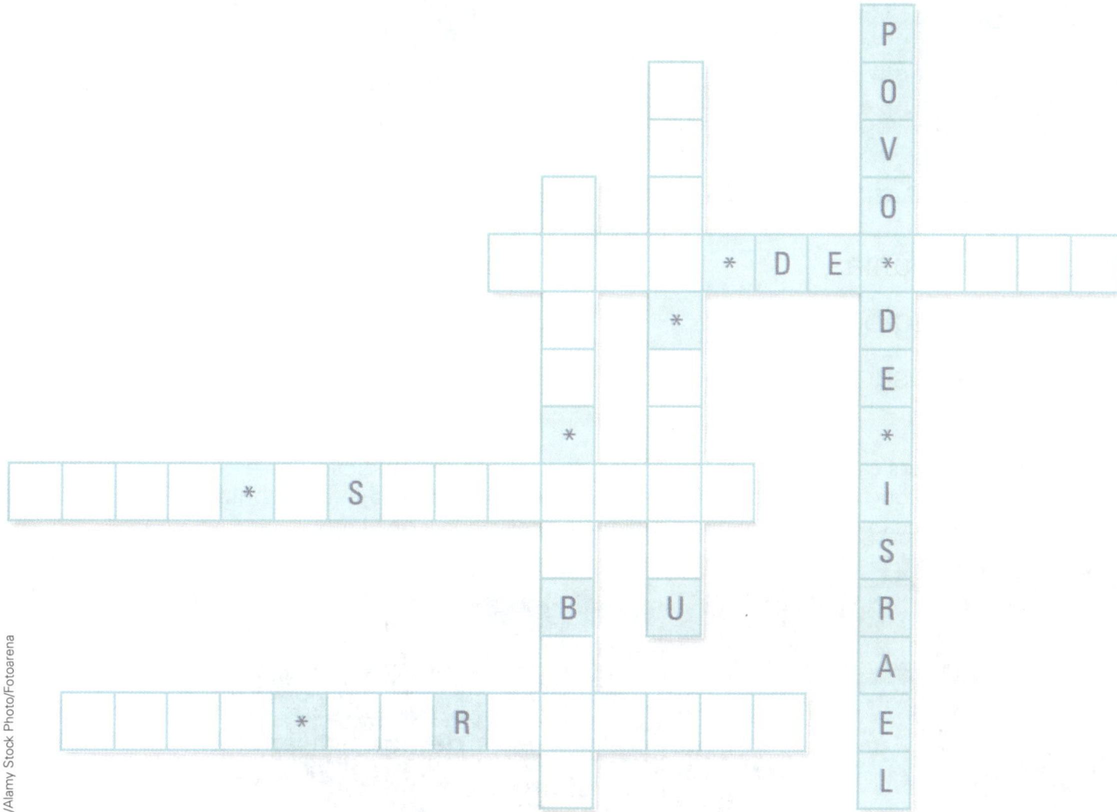

Rafael Ben-Ari/Alamy Stock Photo/Fotoarena

Portão de Abraão, construído por volta do ano 1750 a.C., na cidade de Tel Dan, Israel. Segundo a Bíblia, o local foi a passagem de Abraão e sua família quando, obedecendo às ordens de Deus, se dirigiam para Canaã. Foto de 2009.

UNIDADE 2

Dúvidas e mais dúvidas

4 As grandes perguntas
5 As primeiras religiões
6 Cultos e lugares sagrados

Bando de gansos canadenses voa em forma de V. Segundo estudiosos, essa formação – em que uma ave permanece ligeiramente à frente da outra – contribui para a conservação de energia, porque diminui a resistência do vento.

Gino Santa Maria/Shutterstock

Arco-íris sobre o cume das montanhas na Eslováquia, em 2010.

1. Como teriam surgido as primeiras religiões?

2. Por que ainda hoje há tantas religiões?

Capítulo 4

As grandes perguntas

A dúvida é o princípio da sabedoria.

Aristóteles. In: CASTRO, Willian. ***Provérbios de Aristóteles***. [S.l.]: 101 Seleções, [s.d.].

andreiuc88/Shutterstock

Os raios iluminam a noite e produzem um belo espetáculo. Esse fenômeno, no entanto, causava terror antes que suas causas fossem conhecidas.

O céu estrelado, a imensidão do mar, a vida em suas inúmeras formas, a beleza das flores, o voo dos pássaros e o arco-íris sempre fascinaram o ser humano. Ainda hoje, perguntamos: Como surgiram? Quem fez tudo isso?

Vamos perceber, neste capítulo, que a busca de respostas sobre o desconhecido deve ter originado as primeiras religiões.

Nos primórdios da humanidade, tudo era mistério: os seres humanos temiam relâmpagos, raios e trovões. Muitos acreditavam que esses fenômenos eram sinal da fúria dos deuses com os seres humanos.

Hoje os **fenômenos** naturais já foram estudados e explicados pela ciência. Mas outras questões continuam a preocupar o ser humano. Por exemplo: Como foi criado este Universo tão grande? Deus existe? Por que vamos morrer um dia? Existe vida após a morte?

Fenômeno: qualquer acontecimento que podemos observar e estudar.

Você já se fez alguma dessas perguntas? Essas e outras perguntas vêm sendo feitas pelo ser humano desde tempos remotos. Mas há quem fuja delas para não se preocupar. Foi o que fez o personagem de Luis Fernando Verissimo.

Luis Fernando Verissimo

VERISSIMO, Luis F. *As cobras*. Porto Alegre: L&PM, 1997. p. 12.

Nem a ciência consegue responder a questões como essas. Muitos acreditam que somente as religiões oferecem respostas para elas. Por isso, não se tem conhecimento de que tenha existido algum povo sem religião. No Brasil, existem várias religiões, sendo o cristianismo a que possui maior número de adeptos.

Crianças observam o céu com um telescópio.

Stuart O'Sullivan/Getty Images

A cultura brasileira é influenciada por várias religiões. Nossa Senhora Aparecida, uma santa para os católicos, é a padroeira do Brasil. O dia 12 de outubro foi declarado feriado nacional em sua homenagem.

No Brasil, Iemanjá é homenageada pelos praticantes da umbanda e do candomblé em vários dias do ano, principalmente no dia 2 de fevereiro. Ela é a padroeira dos pescadores.

Para ler e pensar

Os mistérios de Deus

Biry Sarkis/Arquivo da editora

Conta-se que certo dia Santo Agostinho, grande sábio cristão, caminhava em uma praia querendo entender um dos mistérios de Deus.

De repente, ele avistou um menino que fez um buraco na areia e não parava de buscar água do mar para despejar ali.

Então, perguntou-lhe:

— Que está fazendo, menino?

— Estou querendo pôr toda a água do mar neste buraco, respondeu ele.

— Isso é um absurdo, você nunca vai conseguir, disse o sábio.

— Do mesmo modo, você nunca vai conseguir entender os mistérios de Deus, concluiu o garoto.

O menino era um anjo enviado por Deus.

Atividades

Trocando ideias

1 **Converse com o professor e os colegas sobre as questões e depois resuma suas respostas abaixo.**

a) Ser curioso é sinal de inteligência. Você concorda? Explique.

b) Como você demonstra a sua curiosidade?

c) Que assuntos despertam mais a sua vontade de aprender?

d) Você consegue sempre esclarecer suas dúvidas? Com quem?

Pensando juntos

2 **Dialogue com um colega e depois, juntos, respondam às questões.**

a) A ciência, que responde a tantas questões, consegue explicar também as questões religiosas?

b) Onde muitas pessoas buscam respostas para as questões existenciais?

c) Você e/ou sua família praticam alguma religião? Comente.

3 Em duplas, leiam, pensem e completem a cruzadinha com as respostas do item **a**.

a) Que fenômenos naturais assustavam as pessoas antigamente?

Folhas congeladas após geada.

Yamagiwa/Shutterstock

Ventos fortes em Salvador (BA). Foto de 2015.

Edilson Lima/Ag A Tarde/Futura Press

Seca na área rural de Manaus (AM). Foto de 2015.

Raphael Alves/Agência France-Presse

b) Esses fenômenos ainda causam espanto? Expliquem.

____

____

Vamos refletir?

4 Agora observe a tirinha da Mafalda, leia e responda às questões.

©Joaquín Salvador Lavado (QUINO) TODA MAFALDA/Fotoarena

QUINO, Joaquín S. L. *Mafalda 2*. São Paulo: Martins Fontes, 2006. p. 63.

a) Mafalda está pensando sozinha ou não?

____

____

b) O amigo de Mafalda soube responder à sua pergunta?

____

____

c) Você também já fez essa pergunta? A quem?

____

____

d) Conseguiu uma resposta convincente?

____

____

5 **Assinale verdadeiro (V) ou falso (F) para as afirmativas abaixo.**

( ) As pessoas querem saber o "porquê" e o "para que" das coisas.

( ) É comum o ser humano procurar entender o sentido da própria vida.

( ) As crianças evitam fazer perguntas porque não querem aborrecer.

Momento de oração

6 **Escreva uma pequena oração agradecendo por sua capacidade de pensar, perguntar, investigar e descobrir.**

____

____

____

____

____

____

____

Capítulo 5

As primeiras religiões

As religiões são caminhos diferentes que dão no mesmo ponto. Que importância faz se seguimos por caminhos diferentes, desde que cheguemos ao mesmo lugar?

Texto elaborado com base em: Mahatma Gandhi. In: LINO, Aureovaldo S. ***O modismo das religiões***. Rio de Janeiro: Planeta Azul, 2015.

Frank Bienewald/LightRocket/Getty Images

Um banho no sagrado rio Ganges, para os hindus, tem o poder de "limpar" todos os pecados de uma pessoa. Na foto, de 2015, hindus banham-se às margens do Ganges, na cidade de Haridwar, Índia.

Antigamente, os humanos não compreendiam por que coisas ruins (chuvas em excesso, por exemplo) aconteciam. Para eles, isso ocorria porque os deuses assim queriam. Para se livrar da maldade dos deuses, começaram a agradá-los com ofertas diversas.

Neste capítulo, vamos conhecer algumas das primeiras crenças religiosas.

A água é indispensável à sobrevivência dos seres vivos. Pela importância desse recurso natural, os antigos habitantes da Terra se estabeleciam próximos a rios, lagos e outras fontes de água. Nas redondezas dessas fontes, sempre havia frutos, vegetais e vários animais, que poderiam servir de alimento.

Quando o ser humano aprendeu a plantar, a água ganhou um novo significado: o grão só cresce na terra que é regada. Mas, às vezes, chovia demais, o rio inundava e estragava a plantação. Outras vezes, ocorriam períodos de grande seca, não havia o que beber nem o que comer.

Como não entendiam os fenômenos naturais, nossos **ancestrais** acreditavam que tudo isso deveria ser castigo dos deuses. Para agradar os deuses e pedir colheitas sempre abundantes, passaram a fazer **oferendas** às divindades e a construir templos para homenageá-las.

Ancestral: antepassado, muito antigo.

Oferenda: produto de colheita, objeto ou animal oferecido às divindades.

As orações com pedidos ou invocações aos deuses ou espíritos considerados superiores sempre estiveram presentes nas mais diferentes culturas.

Leia com atenção a oração do povo Kasti-Mumito, antigos habitantes da Polinésia, um conjunto de ilhas situado no oceano Pacífico.

Ó Grande Espírito,

que te achas no azul central,

que moras acima das estrelas,

que nunca morres,

que tens tua casa no sol,

nós te invocamos,

dá-nos a vida,

nós te invocamos,

dá-nos a água de que necessitamos.

CINTRA, Raimundo; MURARO, Rose M.
As mais belas orações de todos os tempos.
São Paulo: Pensamento, 2001.

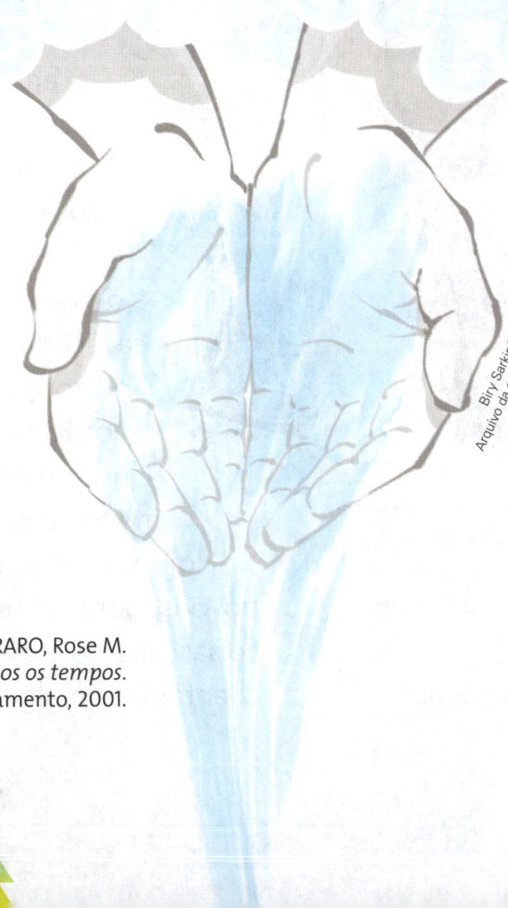

Biry Sarkis/ Arquivo da editora

Detalhe de pintura no túmulo de Nakht, ministro da Agricultura no reinado de Tutmés IV, no século XV a.C. Localizada em Tebas, no Egito, a obra representa cenas do cotidiano agrícola da região na época.

Robert Harding Images/Masterfile/Latinstock

Múmia com aproximadamente 2,6 mil anos encontrada no Cairo, Egito, em 2005.

AFP

Vida após a morte

As religiões antigas já se preocupavam com a continuação da vida após a morte. Os habitantes do antigo Egito, por exemplo, acreditavam que as pessoas boas, justas e honestas iam para um lugar de bem-estar e felicidade após a morte.

Os egípcios, como muitos outros povos antigos, acreditavam que os mortos utilizariam seus bens (instrumentos, joias e riquezas) na outra vida. Por isso, seus pertences eram enterrados com os corpos.

Eles também preparavam o corpo do morto para a outra vida. Esse preparo recebe o nome de mumificação. Nesse processo, as **vísceras** eram retiradas e outros produtos eram introduzidos para evitar que o corpo se **deteriorasse**. Em geral, só os corpos dos ricos eram mumificados, pois era um procedimento muito caro.

Hoje sabemos por que troveja, por que existem raios e trovões, por que há secas e enchentes. Sabemos muito mais coisas que os povos antigos. Podemos até controlar as enchentes e, em alguns casos, solucionar o problema da seca.

Víscera: entranha, qualquer órgão vital situado no tronco do corpo.

Deteriorar: apodrecer.

Apesar disso, sempre aparecem novas religiões. Elas surgem para dar respostas a questões que outros tipos de conhecimento, como a ciência, não conseguem explicar.

www.bridgemanimages.com

Os antigos egípcios acreditavam que, após a morte, o coração do morto era pesado. Se tivesse vivido de acordo com a verdade e a justiça, o coração seria mais leve do que uma pena, chamada então de Pena da Verdade. A ilustração do *Livro dos Mortos*, criado no século XIII a.C., representa o deus Anúbis no momento em que avalia um coração.

Para ler e pensar

O animismo

A palavra animismo vem de *anima*, que, em latim, significa alma ou espírito numa língua antiga (latim) que deu origem ao português.

De acordo com as práticas animistas, o mundo é povoado de espíritos que têm poderes (bons ou maus) sobre os seres humanos e a natureza.

Aruna, menino de 9 anos, vive em Uganda (África). Ele descreve sua crença no animismo assim:

"Na minha tribo, cremos que Ruhanga é o criador do mundo. É bom, mas fica muito distante de nós. Os espíritos que animam o mundo estão mais perto. Eles protegem nossa saúde e permitem boas colheitas. Os espíritos dos mortos são os que mais cuidam de nós. Mas, se formos maus, podem castigar-nos provocando desgraças, como doenças e outros males."

Texto elaborado com base em: MARCHON, Benoît; KIEFFER, Jean François. *As grandes religiões do mundo*. São Paulo: Paulinas, 2009. p. 6.

Friedrich Stark/Alamy Stock Photo/Fotoarena

A sessão de cura é um exemplo de culto animista africano em Uganda.

Atividades

Trocando ideias

1 **Converse com o professor e os colegas sobre as palavras abaixo. Depois relacione a coluna da esquerda com a da direita, conforme o significado de cada uma delas.**

(1) Infinito	( ) Deuses, seres superiores.
(2) Oferendas	( ) Presentes oferecidos às divindades.
(3) Divindades	( ) Que não tem fim.
(4) Religiosidade	( ) Disposição, tendência para a religião.

2 **Comente as questões a seguir com o professor e os colegas e depois responda.**

a) Para os antigos egípcios, o que acontecia com as pessoas boas e honestas depois de morrer?

____

____

b) Para você, quais são as questões mais preocupantes da vida?

____

____

Vamos refletir?

3 **Pense sobre o que você aprendeu neste capítulo e responda às questões.**

a) Por que os fenômenos naturais assustavam os povos antigos?

____

____

b) Quais recursos os seres humanos usavam para agradar os deuses que consideravam irados?

____

____

c) Como surgiram as religiões no mundo?

____

____

4 Compare as alternativas e marque a que completar corretamente cada frase.

a) A ciência consegue explicar...

( ) todas as questões existenciais.

( ) o ser supremo.

( ) os fenômenos naturais e psicológicos.

b) Para explicar as questões existenciais, muitas pessoas recorrem...

( ) às artes antigas.

( ) às religiões.

( ) às leis da Física.

c) A humanidade já teve e ainda tem...

( ) muitas religiões.

( ) uma só religião.

( ) nenhuma religião.

Momento de oração

5 Crie uma oração, com as próprias palavras, usando o que aprendeu neste capítulo.

Capítulo 6

Cultos e lugares sagrados

Pois onde dois ou três estiverem reunidos em meu nome, ali estarei.

Texto elaborado com base em: Mateus 18,20. ***Bíblia Sagrada***. 8. ed. Tradução da CNBB. Brasília: Edições CNBB; São Paulo: Editora Canção Nova, [s.d.]. p. 1224.

Ahmad Masood/Reuters/Latinstock

Em Nova Délhi, na Índia, milhares de fiéis muçulmanos participam da Festa do Sacrifício, cerimônia que celebra a disposição de Abraão em sacrificar seu filho Ismael a pedido de Deus. Foto de 2014.

Cultuar as divindades tem sido uma prática religiosa desde tempos remotos da história da humanidade. Os cultos normalmente têm a função de estabelecer um diálogo entre os praticantes das diversas religiões e o divino.

Neste capítulo, vamos aprender um pouco mais sobre a função de alguns cultos e dos locais considerados sagrados para várias religiões.

Culto é uma cerimônia por meio da qual os povos se comunicam com as divindades. O culto se realiza sempre em comunidade, mas as pessoas também podem se comunicar sozinhas com sua divindade.

Há vários tipos de culto. Alguns são bem simples. Outros têm cerimônias **pomposas**, realizadas em grandes templos, com vestes especiais, leituras de textos sagrados, cantos, gestos, etc.

Pomposo: muito rico, suntuoso, magnífico.

Rubens Chaves/Pulsar Imagens

Interior da Igreja de São Francisco em Salvador (BA), construída no século XVIII. Adornada com detalhes em ouro, a igreja foi eleita pelo governo de Portugal como uma das Sete Maravilhas de Origem Portuguesa no Mundo. Foto de 2013.

Oferendas

Existe um tipo de culto em que se faz uma oferenda, isto é, oferece-se um presente à divindade. Esse tipo de culto é chamado de sacrifício. Mas, muitas vezes, a própria oferenda também é chamada de sacrifício. As oferendas podem ser: alimentos, flores, bebidas, objetos, etc.

Os cultos podem ser de:

- **Louvor**: ato de elogiar a divindade por suas qualidades.
- **Petição**: ato de pedir uma graça à divindade.
- **Agradecimento**: por algo que a divindade concedeu.
- **Expiação**: ato de reparar (pagar, expiar) faltas ou transgressões cometidas (algumas religiões chamam essas faltas de pecado).

Nas religiões de origem africana, como a umbanda e o candomblé, também existem oferendas (ebós) dedicadas às divindades. A finalidade das oferendas é manter o equilíbrio das relações entre os seres divinos e os seres humanos.

Os antigos judeus tinham uma cerimônia na qual o celebrante transferia para um bode as faltas e os pecados do

Rita Barreto/Acervo da fotógrafa

São bastante comuns as ofertas de alimentos e bebidas às entidades divinas da umbanda e do candomblé, chamadas de orixás. Na foto, de 2017, oferenda umbandista.

Tim Graham/Getty Images

A mesquita Azul, em Istambul, Turquia, foi fundada no século XVII, sob as ordens do sultão Ahmed. Foto de 2014.

povo. Em seguida, o bode era abandonado no deserto. Desse costume surgiu a expressão "ser o bode expiatório", que significa pagar pela culpa dos outros.

Lugares sagrados

Os lugares em que se realizam os cultos, assim como os objetos usados nas cerimônias, são considerados **sagrados**.

As igrejas cristãs variam muito em termos de arquitetura: podem ser bem simples ou grandes e suntuosas, como a **Basílica** de São Pedro, no Vaticano.

As mesquitas são os templos dos muçulmanos, seguidores do islamismo, religião fundada por Maomé.

Sagrado: relativo ou inerente a uma divindade.

Basílica: nome dado a algumas igrejas muito importantes.

Krzysztof Nahlik/Alamy Stock Photo/Fotoarena

A sinagoga é um templo sagrado para os judeus. Sinagoga em Cracóvia, Polônia. Foto de 2016.

Para ler e pensar

Quarup

A cerimônia praticada por indígenas do alto Xingu, na região central do Brasil, é chamada de quarup. Ela é feita para salvar a alma de um **cacique** que morreu.

O tronco de árvore (ver foto) também se chama quarup. Os indígenas o pintam e o colocam no centro da aldeia. Esse tronco representa o morto.

Os festejos duram a noite toda. O quarup é realizado com danças, cantos e competições, principalmente lutas. Tudo isso para ajudar o **pajé** a dar vida ao falecido.

A chegada do Sol marca o momento mais importante da cerimônia. Com a chegada dos primeiros raios solares, o morto revive e se liberta do tronco.

A cerimônia termina quando os indígenas rolam o quarup, já vazio de significado, para dentro do rio e o abandonam à correnteza.

Cacique: chefe político indígena.

Pajé: chefe espiritual indígena.

Texto elaborado com base em: QUARUP. In: NOVA Enciclopédia Barsa. Rio de Janeiro/São Paulo: Encyclopaedia Britannica do Brasil Publicações, 1997, v. 12. p. 137-138.

Luciola Zvarick/Pulsar Imagens

Cerimônia do quarup, em aldeia Waurá, no alto Xingu (MT). Foto de 2016.

Atividades

Trocando ideias

1. Muitos dos lugares onde se realizam os cultos são belíssimas obras da arquitetura. Leia as legendas das fotos e procure no diagrama a primeira palavra de cada legenda.

B	U	S	T	F	G	L	M	F	H	V	X	R	Z	T
L	A	R	C	N	T	F	E	J	R	C	N	T	F	P
U	G	S	P	K	L	C	S	I	N	A	G	O	G	A
Q	F	U	Í	T	R	N	Q	U	S	T	F	X	H	G
U	D	P	Q	L	F	O	U	P	T	E	M	P	L	O
S	T	F	A	H	I	M	I	G	R	E	J	A	N	D
F	H	C	M	R	O	C	T	N	O	D	P	Q	R	E
N	T	D	E	S	P	R	A	N	T	A	T	L	F	Q

Mesquita Sheikh Zayed em Abu Dhabi, capital dos Emirados Árabes Unidos. Concluído em 2007, este templo muçulmano é inteiramente feito de mármore branco, com decorações em ouro e cristais de Murano. Foto de 2016.

robertharding/Alamy Stock Photo/Fotoarena

ElenaMirage/Alamy Stock Photo/Fotoarena

Templo Dourado, construído em 1574, é um importante centro de orações para os adeptos do siquismo. Localiza-se na cidade de Amritsar, Índia. Foto de 2014.

Fabiano Mesquita/Alamy Stock Photo/Fotoarena

Igreja do Carmo em Olinda (PE). Considerada o primeiro templo da Ordem dos Carmelitas nas Américas, a igreja passou por várias reformas após o início de sua construção, no século XVI. Foto de 2015.

Michael Jacobs/Alamy Stock Photo/Fotoarena

Sinagoga Cymbalista, inaugurada em 1998, que abriga também o Centro da Herança Judaica, em Telavive, Israel. Foto de 2016.

Robert Wyatt/Alamy Stock Photo/Fotoarena

Basílica de Nossa Senhora de Guanajuato, na cidade de Guanajuato, México. Foto de 2015.

Chris Bull/Alamy Stock Photo/Fotoarena

Pagode Shwedagon, templo budista, em Yangon, Mianmar. Uma lenda local conta que o pagode abriga relíquias de quatro antigos budas e ainda oito fios de cabelo de Sidarta Gautama. Foto de 2014.

2 **Converse com o professor e os colegas sobre as perguntas abaixo e depois escreva sua resposta.**

a) Como era o culto de expiação dos antigos judeus?

____

____

b) O que significa hoje a expressão "ser o bode expiatório"?

____

____

c) Releia o texto final do capítulo e explique o que é o quarup.

____

____

3 **Você conhece algum lugar onde se realizam cultos religiosos? Compartilhe sua experiência oralmente com a classe, contando o nome e os detalhes do local. Depois resuma seu relato abaixo.**

____

____

____

____

____

____

____

____

____

Pensando juntos

4 **Convide um colega para pensar com você. Juntos, relacionem a coluna da direita com a da esquerda para completar as frases.**

(1) sacrifício	( ) Cerimônia na qual os povos se comunicam com as divindades.
(2) culto	( ) Tipo de culto em que se faz uma oferenda aos deuses.
(3) oferendas	( ) Podem ser de alimentos, flores, bebidas, objetos, etc.

5 **Ainda juntos, pensem e assinalem verdadeiro (V) ou falso (F) para as afirmativas abaixo.**

( ) Os tipos de culto existentes são de louvor, expiação, agradecimento e petição.

( ) Os tipos de culto existentes são de reclamação e expiação.

( ) Os lugares sagrados podem ser igrejas, mesquitas e castelos.

( ) Alguns elementos que ajudam a tornar os cultos mais alegres e solenes podem ser cantos, reflexões e leituras.

( ) Alguns elementos que ajudam a tornar os cultos mais alegres e solenes são músicas e orações.

Vamos refletir?

6 **Releia o capítulo e complete as frases com a função de cada culto.**

a) O culto de louvor serve para ______________________________.

b) O culto de petição tem função de ______________________________.

c) O culto de agradecimento é para ______________________________.

d) O culto de expiação tem o objetivo de ______________________________

______________________________.

Saiba mais

Templo Zu Lai em Cotia (SP), 2016.

Templo Zu Lai (budismo)

Inaugurado em 2003, está localizado na cidade de Cotia/SP. O passeio virtual permite visualização em 360°. Disponível em: <www.templozulai.org.br/passeio-virtual-360.html>. Acesso em: 5 out. 2016.

Basílica de São Pedro em Roma, Itália, 2015.

Basílica de São Pedro (catolicismo)

Localizada no Vaticano, é considerada uma das mais famosas igrejas católicas do mundo. *Site* em inglês, mas com navegação muito intuitiva. Disponível em: <www.vatican.va/various/basiliche/san_pietro/vr_tour/index-en.html>. Acesso em: 5 out. 2016.

A renovação da Aliança

O povo hebreu deixou o Egito, depois de viver como escravo durante quatro séculos, e iniciou a caminhada de volta à Terra Prometida. A viagem foi muito difícil. Calor forte, falta de água, cansaço, brigas e até assaltos traziam desânimo a muitos.

No entanto, os hebreus foram vencendo as dificuldades e chegaram ao monte Sinai. Ali houve um acontecimento importante: Deus fez uma nova aliança com eles. Nessa aliança, propôs aos hebreus que jurassem cumprir o Decálogo, os Dez Mandamentos.

Esses mandamentos surgiram ao longo do relacionamento de Deus com o seu povo. Mas, no monte Sinai, eles foram oficialmente comemorados por meio da nova Aliança. Deus fez várias alianças com o povo hebreu, mas essa foi a mais importante.

De acordo com a narração bíblica, Deus chamou Moisés para o alto do monte e lhe entregou o Decálogo dizendo:

Ilustração: Biry Sarkis/Arquivo da editora

Assim dirás aos filhos de Israel:

Se vocês me obedecerem e observarem a minha Aliança, serão o meu povo especial entre todos os povos.

Texto elaborado com base em: Êxodo 19,5. Gênesis 1,1-2,4a. *Bíblia Sagrada*. 8. ed. Tradução da CNBB. Brasília: Edições CNBB; São Paulo: Editora Canção Nova, [s.d.]. p. 89.

Quando Moisés mostrou o Decálogo ao povo, todos comemoraram a Aliança com uma cerimônia bonita e festiva.

A Arca da Aliança

Biblioteca Nacional da França, Paris/Photo Josse/Leemage/AFP

Os Dez Mandamentos gravados em duas pedras foram guardados em uma caixa de madeira, denominada Arca da Aliança. Ela passou a ser o símbolo da aliança de Deus com o povo hebreu. Por isso, foi revestida de ouro puro por dentro e por fora. A tampa era guardada por dois querubins (anjos) de ouro.

Nas caminhadas pelo deserto, a Arca da Aliança era conduzida com respeito à frente do povo.

O transporte da Santa Arca da Aliança para Jerusalém, seguido por Davi tocando lira. Miniatura de um Missal e Livro das horas da Ordem dos Frades Menores Franciscanos, criado no século XIV.

O tabernáculo

Deus não deu apenas os Dez Mandamentos ao povo. Também quis ficar junto dele, acompanhando-o na caminhada pelo deserto. Por isso, mandou Moisés construir um tabernáculo, ou seja, uma tenda parecida com as que os israelitas armavam quando acampavam no deserto. O tabernáculo era o local de culto. No centro dele, ficava a Arca da Aliança.

O tabernáculo acompanhou os israelitas durante 300 anos, ou seja, até a construção do Templo de Salomão, ocorrida aproximadamente no século X a.C.

www.bridgemanimages.com

Moisés apresenta os Dez Mandamentos, afresco do italiano Rafael Sanzio (1483-1520), presente na Basílica de São Pedro, em Roma, Itália.

Atividades

1 **Reúna-se com um colega para completar as frases, usando as palavras do quadro abaixo.**

Decálogo	Moisés
caminhada	Aliança

a) Durante a ____________ do povo judeu em direção a Canaã, Deus falou novamente a ____________.

b) Dessa vez, Deus chamou-o para o monte Sinai e entregou-lhe o ____________, ou seja, os Dez Mandamentos, para que os transmitisse ao povo.

c) Era a renovação da ____________ de Deus com o povo judeu.

2 **Converse com o professor e os colegas para responder em conjunto.**

a) Qual foi a reação do povo ao receber os Dez Mandamentos?

____

____

b) Quais foram as grandes dificuldades que o povo judeu enfrentou em sua longa caminhada rumo à Terra Prometida?

____

____

3 **Discuta com a turma e responda abaixo.**

a) O povo brasileiro também enfrenta dificuldades? Quais?

____

____

____

b) Que medidas vocês sugerem para resolver os problemas do povo brasileiro?

____

____

____

4 Agora pense na sua escola e preencha os quadros a seguir.

a) Quais dificuldades atrapalham a boa convivência em nossa classe?

b) Dê sugestões que ajudem a superar essas dificuldades.

Ilustrações: André Valle

UNIDADE 3

A criação do mundo

7 A criação do mundo na Bíblia
8 Adão e Eva
9 O bem e o mal

Ilustração computadorizada representando o *big-bang*, a grande explosão que originou o Universo, segundo os estudiosos, há 13,7 bilhões de anos.

Science Photo Library/Getty Images

O jardim das delícias terrenas, tríptico (pintura em três partes) criado entre 1490 e 1500 pelo pintor e gravurista holandês Hieronymus Bosch, descreve a criação do mundo, o paraíso e o inferno. Imagem do painel esquerdo, no qual Deus apresenta Eva para Adão. (Óleo sobre painel, 220 cm × 390 cm.)

1. Como você imagina que foi criado o Universo?
2. Você acredita que a Bíblia foi escrita para ensinar ciência?

Capítulo 7

A criação do mundo na Bíblia

A luz é a primeira criação de Deus, não a luz visível, mas a luz de vida, luz de alegria.

Texto elaborado com base em: ***Bíblia***. Tradução ecumênica. São Paulo: Edições Loyola, 1994. p. 24.

Coleção Johnny Van Haeften, Londres/Bridgeman Images/Easypix Brasil

A criação dos pássaros e peixes, do pintor flamengo Isaak van Oosten (1613-1661), baseada no episódio do livro do Gênese sobre a Criação. (Óleo sobre cobre, 70,3 cm × 86,4 cm.)

O Antigo Testamento da Bíblia afirma que o mundo e os seres humanos foram criados por Deus em alguns dias. Para a ciência, o Universo e o ser humano surgiram por evolução, ao longo de milhões de anos.

Neste capítulo, vamos aprender um pouco sobre a visão bíblica da criação do mundo.

A criação do mundo ocorreu por meio de um processo diferente do apresentado nas narrações bíblicas. Mas isso não invalida o que a Bíblia afirma, pois o objetivo do texto bíblico não é apresentar afirmações científicas. Conforme essa visão e de acordo com os seguidores da Bíblia, Deus estava e está no comando de todo o processo evolutivo.

E assim foi feito

De acordo com a Bíblia, o mundo foi feito por Deus em uma semana.

Observe abaixo as descrições bíblicas sobre a criação do mundo.

NO PRIMEIRO DIA, ele disse:

— Faça-se a luz!

E a luz foi feita. Ele gostou da luz e a separou das trevas.

A luz foi chamada de dia e as trevas, de noite.

NO SEGUNDO DIA, ele disse:

— Faça-se o céu no alto e as águas embaixo. E ele gostou do que foi feito.

NO TERCEIRO DIA, ele separou as águas dos lugares secos. As águas foram chamadas de mar e os lugares secos, de terra.

Ele disse:

— A terra se cubra de verde, de plantas e de árvores com suas sementes e seus frutos.

E mais uma vez Deus gostou do que estava fazendo.

NO QUARTO DIA, ele disse:

—Haja dois luzeiros no céu para separar o dia da noite. Que eles iluminem a Terra e sirvam para indicar as estações do ano e as festas.

Um dos luzeiros foi chamado de Sol, que serve para iluminar o dia. O outro recebeu o nome de Lua, que é para clarear a noite.

E mais uma vez, Deus se alegrou com o que fez.

André Valle/Arquivo da editora

NO QUINTO DIA, Deus disse:
— Haja peixes nas águas e aves no céu. E acrescentou:
— Multipliquem-se nas águas e no céu.

NO SEXTO DIA, Deus disse:
— A Terra produza numerosos animais diferentes: pequenos, grandes, os que caminham e os que rastejam. E os dividiu entre domésticos e selvagens.

E Deus disse:
— Faço o homem e a mulher à minha imagem e semelhança.
E os abençoou acrescentando:
— Tenham numerosos filhos. Alimentem-se das sementes e dos frutos. Os animais comam das ervas verdes.
E Deus gostou muito de tudo o que fez.

NO SÉTIMO DIA, Deus abençoou o dia e o santificou.

Finalmente, Deus descansou.

Texto elaborado com base em: Gênesis 1,1-2,4a. *Bíblia Sagrada*. 8. ed. Tradução da CNBB. Brasília: Edições CNBB; São Paulo: Editora Canção Nova, [s.d.]. p. 15-16.

André Valle/Arquivo da editora

Para ler e pensar

Sábado e domingo

O sétimo dia, em que Deus descansou, é o sábado para os judeus e para os adventistas. Nesse dia, eles não trabalham. Descansam, como Deus fez, e prestam cultos ao Criador.

A maioria dos cristãos não guarda o sábado, mas sim o domingo, dia em que Jesus ressuscitou. A palavra domingo vem de *dominus*, que, em latim, significa "senhor". Domingo é, portanto, o dia do Senhor.

Atividades

Pensando juntos

1 **Em duplas, consultem o texto e completem a lista das criações de Deus na ordem em que ocorreram segundo a Bíblia.**

a) Primeiro dia: ______.

b) Segundo dia: ______.

c) Terceiro dia: ______.

d) Quarto dia: ______.

e) Quinto dia: ______.

f) Sexto dia: ______.

2 **Respondam conforme o que se pede.**

a) O que Deus fez no sétimo dia?

______
______
______

b) Por que muitos cristãos guardam o domingo em vez do sábado?

______
______
______

c) Em sua família, existe um dia reservado para o descanso e para Deus?

______
______
______

d) Se sim, o que sua família costuma fazer nesse dia?

______
______
______

Ideias em ação

3 **Deus quer que a sua criação seja respeitada, de acordo com as pessoas que assim creem. Mostre que você está disposto a colaborar e siga os passos abaixo.**

1º – Escreva em um papelzinho o nome de uma criação.

2º – Dobre e entregue o papel para o professor.

3º – Você receberá de volta outro papel, escrito por um dos colegas.

4º – Compartilhe com os colegas a criação escrita no papel que você recebeu, explicando a sua importância e por que ela deve ser respeitada.

5º – Agora, expresse em um desenho, no quadro abaixo, a importância e a beleza do elemento da criação que você defendeu.

4 **Deus gostou do que fez. Releia o texto do capítulo e observe cada vez que aparece a expressão de satisfação do Criador. Depois, faça o que se pede.**

a) Quantas frases de aprovação do Criador aparecem? ____________________

b) Segundo o relato bíblico, Deus gostou de tudo o que ele criou. Você gosta de todas as coisas criadas por Deus?

____

____

c) Escreva algumas coisas de que você mais gosta.

d) Agora observe a tirinha abaixo, leia-a com atenção e comente com os colegas e o professor o que você pensa sobre a atitude da Júlia.

D'HAESE, Márcia M. *Mig e Meg em Tirinhas – Coleção 1*. Curitiba: Arco, 2000. p. 12.

Vamos refletir?

5 **Hoje sabemos que o mundo e todos os seres existem graças à evolução, ocorrida ao longo de milhões de anos. Para saber a influência de Deus nesse processo, reescreva as frases, separando as palavras.**

a) Masnadanestemundosurgiuporacaso.

b) EmtudoestavaeestápresenteopoderdeDeuscriador.

c) PoistudofazpartedomaravilhosoplanodeDeus.

6 Cada ser no mundo tem sua importância. O Criador ordenou tudo de tal forma que todos pudessem viver bem, colaborando uns com os outros. Pense e complete as frases abaixo.

a) As plantas precisam de ____

____.

b) Os animais precisam de ____

____.

c) As pessoas precisam de ____

____.

d) Os peixes precisam de ____

____.

e) A terra precisa de ____

____.

f) A água precisa de ____

____.

Momento de oração

7 Você gostaria de agradecer a criação de todas as belezas e criaturas do mundo? Escreva seu agradecimento no quadro abaixo.

____

____

____

____

____

____

____

Capítulo 8

Adão e Eva

Ainda que o homem possa usar mal da liberdade, a sua vontade livre deve ser considerada um bem.

SANTO AGOSTINHO. ***O livre-arbítrio***. 2. ed. São Paulo: Paulus, 1995. p. 135.

Coleção Christie's Images/Bridgeman Images/Easypix Brasil.

A pintura *Animais e pássaros no Jardim do Éden*, do artista flamengo Ferdinand van Kessel (1648-1696), representa uma das etapas da Criação. (Óleo sobre cobre, 29 cm × 34,9 cm.)

Quando vemos uma casa muito bonita, rodeada de um jardim com árvores, plantas floridas, pássaros cantando, é comum dizer que o local é um paraíso.

O significado dessa palavra tem origem na Bíblia. Quando Deus criou o homem e a mulher, preparou-lhes um jardim maravilhoso, com tudo de que precisavam para sua felicidade eterna. O tópico a ser estudado neste capítulo é a criação do primeiro homem e da primeira mulher sob o olhar bíblico.

Coleção Johnny Van Haeften, Londres/Bridgeman Images/Easypix Brasil

Representação do que seriam os primeiros humanos, tendo ao fundo o momento do chamado "pecado original". *A criação de Adão e Eva*, de Isaak van Oosten (1613-1661). (Óleo sobre cobre, 69,5 cm × 86,1 cm.)

Depois de criar o homem e a mulher, Deus disse-lhes:

— Vocês podem comer dos frutos de todas as árvores, menos de uma. Se comerem, morrerão.

Passado um tempo, eis que uma serpente perguntou a Eva:

— Vocês sabem por que Deus os proibiu de comer dos frutos daquela árvore? Porque ele não quer que vocês conheçam o que é o bem e o que é o mal. E mais: comendo daqueles saborosos frutos, vocês serão como deuses!

Eva então ficou com muito desejo de provar um daqueles frutos proibidos. Provou e ofereceu a Adão, que aceitou.

De repente, ficaram com vergonha de estarem nus e se cobriram com folhas de uma figueira. As consequências disso você vai ler a seguir.

O projeto de Deus

Na narrativa bíblica, percebemos que o projeto de Deus para Adão e Eva era de alegria e felicidade eternas. Com a desobediência, vieram as consequências de seus atos. Porém, Deus não se esqueceu deles e, mesmo depois de expulsá-los do Éden, continuou a cuidar deles.

Para acolher todos os seres humanos, Deus preparou um novo paraíso, chamado céu. Mas para entrar nesse novo lugar é preciso seguir os ensinamentos do livro sagrado que ele inspirou, amando o próximo, obedecendo a Ele, fazendo o bem, etc.

Adão e Eva são representações simbólicas da humanidade, que não raro opta por se deixar levar pelos desejos e se esquece de que é preciso ir além das vontades momentâneas.

Toda escolha tem consequências e pode ocorrer de estarmos desperdiçando os presentes que ganhamos de Deus, como a saúde, a segurança, a confiança dos pais e dos amigos, o bem-estar, etc., em troca de alguns instantes de prazer.

Expulsos do paraíso

O homem e a mulher ouviram que Deus se aproximava e se esconderam. Mas Deus chamou o homem:

— Onde estás?

E ele respondeu:

— Escondi-me porque tive vergonha de estar nu.

— Quem te revelou que estavas nu? Comeste um fruto da árvore proibida?

— Foi minha companheira que me ofereceu um, e eu comi.

Deus disse então à mulher:

— Por que fizeste isso?

A mulher respondeu:

— A serpente me enganou, e eu comi.

Deus disse à serpente:

—Serás um animal maldito.

Disse à mulher:

— Tu sofrerás, e a vida com teu marido será difícil.

E disse ao homem:

— Trabalharás duro para te sustentares, depois morrerás e serás sepultado na terra.

Então, Deus fez para eles umas vestes de pele e expulsou o homem e a mulher do jardim.

MARCHON, Blandine; MILLET, Claude. *Bíblia, as grandes narrações do Antigo e do Novo Testamento*. São Paulo: Scipione, 2007. p. 12.

André Valle/Arquivo da editora

Atividades

Trocando ideias

1. Discuta com o professor e os colegas como vocês imaginam que seria o paraíso. Depois, individualmente, escreva abaixo sua resposta.

____

____

2. Dialogue com um colega e depois, juntos, respondam às questões.

   a) Expliquem quem foram Adão e Eva.

   ____

   ____

   b) Por que Adão e Eva foram expulsos do paraíso?

   ____

   ____

   c) Como vocês imaginam que era a vida deles no paraíso e como ficou após serem expulsos?

   ____

   ____

De Agostini/Getty Images

Detalhe de um pilar da Catedral de Orvieto, Itália, cuja construção iniciou-se em 1290 e se estendeu por três séculos. À esquerda, representação da expulsão de Adão e Eva do paraíso. À direita, Adão e Eva trabalham para sua sobrevivência.

3 Juntos, você e um colega, leiam com atenção as afirmativas abaixo. Depois completem individualmente cada frase.

a) A história de Adão e Eva está escrita na ______________________.

b) Deus queria que eles fossem felizes para sempre no ______________________.

c) Eles podiam comer dos frutos de todas as árvores, menos de ______________________.

d) Mas Eva deixou-se enganar por uma ______________________.

e) Ela desobedeceu a Deus e foi imitada por ______________________.

f) Ambos, então, foram expulsos do ______________________.

4 Assinale as respostas que são verdadeiras, segundo a Bíblia, após conversar com o colega sobre elas.

- Adão e Eva comeram do fruto proibido porque...
  - ( ) estavam infelizes no paraíso.
  - ( ) achavam que poderiam ficar mais felizes do que já eram.
  - ( ) a serpente os enganou.
  - ( ) queriam ficar iguais a Deus.
  - ( ) queriam ir morar em outro lugar.

Vamos refletir?

5 Apesar de ter expulsado Adão e Eva do paraíso, Deus não se esqueceu deles e de seus descendentes. Ao contrário: com muito carinho, preparou um novo paraíso.

a) Como se chama esse novo paraíso?

____

____

____

b) O que é preciso fazer para entrar nele?

____

____

____

Ideias em ação

6 Leia e prepare um jogral com seu grupo.

Paraíso

Era um jardim que encantava
Cheio de paz e alegria
O próprio Deus o visitava
À tardinha, todo dia.

Adão e Eva lá viviam
Só os dois e mais ninguém
Eram felizes e entendiam
A maravilha de ser do bem.

Eis, porém, que a serpente
Ofereceu-lhes o fruto proibido
Eva comeu bem contente
E ofereceu a seu marido.

Logo notaram a transformação:
A tristeza tomou conta do coração
Sumiu do rosto o alegre sorriso:
Haviam perdido o paraíso.

Texto inspirado no poema Paraíso, de Paulo Debs. In: *Palavra sagrada, poesia encantada*. São Paulo: Editora Vida, 2009. p. 9.

André Valle/Arquivo da editora

Capítulo 9

O bem e o mal

A raiz de todos os males é o amor ao dinheiro [a cobiça].

1Timóteo 6,10. ***A Bíblia de Jerusalém***. São Paulo: Edições Paulinas, [s.d.]. p. 2231.

A história de Adão e Eva, que estudamos no capítulo anterior, é uma maneira de explicar como o mal começou a existir no mundo.

Desde o início da humanidade, sabe-se que o ser humano tem a capacidade de escolher entre o bem e o mal.

Assim, como representantes da raça humana, Adão e Eva ganharam o direito de agir como quisessem, mas também receberam o dever de se tornar responsáveis pelas consequências. Isso se chama liberdade.

E o que significa ter liberdade? Vamos debater um pouco esse tema neste capítulo.

Zvonimir Atletić/Alamy Stock Photo/Fotoarena

Estátua do combate mitológico entre o arcanjo São Miguel e o diabo, símbolo do bem contra o mal. O monumento, com detalhes dourados no escudo e na espada, está no centro de Viena, Áustria. Foto de 2014.

Liberdade não significa apenas poder escolher entre o bem e o mal. Pode-se optar, por exemplo, entre duas coisas boas: comer um sanduíche ou uma *pizza*, jogar futebol ou vôlei, assistir a um filme ou brincar com os amigos. Nada disso é proibido.

Caim conduz Abel para a morte (1896-1902), na visão do francês James Tissot. (Guache sobre tela, 23,9 cm × 18,7 cm.)

Mas a escolha entre o bem e o mal pode nos tornar felizes ou infelizes. Por isso, as religiões têm mandamentos para que seus fiéis sigam o caminho do bem.

Como Deus, os pais e os professores também se preocupam em educar seus filhos e seus alunos para evitar o mal.

Cenas de guerra

Caim, um dos filhos de Adão e Eva, matou seu irmão, Abel. Ainda hoje o mal é o principal problema da humanidade. Ele se expressa por meio de corrupção, roubo, assassinato, guerra e muitos outros males.

Mas Deus, por meio das religiões, continua com a esperança de que seus filhos deixem de comer os frutos da árvore proibida e voltem ao paraíso.

Fazendo o bem pela palavra

A serpente mentiu para Eva. Ela acreditou e, por isso, perdeu o paraíso.

Ao longo da história, a mentira tem prejudicado muita gente. Você mesmo pode ter sofrido por causa das mentiras de outra pessoa.

A mentira é prejudicial, inclusive ao próprio mentiroso. A pessoa mentirosa não é confiável, ninguém acredita nela. Com o tempo, essa pessoa acaba ficando isolada dos outros.

Por isso, para os budistas, o uso da Palavra correta (veja a seguir) é um dos meios para se tornar um ser humano cada vez melhor e chegar à perfeição.

Recomendações da Palavra correta:

- Fale sempre a verdade.
- Se achar que suas palavras poderão ferir os sentimentos de alguém, cale-se simplesmente. Use a voz para trazer gentileza e bondade ao mundo.
- Seja encorajador. Às vezes, uma simples palavra pode trazer paz e alegria a alguém. Caso tenha a oportunidade de animar alguém, anime-o. Suas palavras talvez sejam justamente o que ele está precisando ouvir.
- Seja prestativo. Utilize as palavras para ajudar o próximo. As palavras podem ser úteis de várias formas: para explicar e ensinar, para incentivar os outros a conversar conosco sobre algum assunto, etc.

Texto elaborado com base em: YÜN, Hsing. *Budismo, significados profundos*. São Paulo: Editora de Cultura, 2003. p. 61-62.

Para ler e pensar

Caim e Abel

André Valle/Arquivo da editora

Adão e Eva tiveram dois filhos: Caim e Abel. Ao crescer, os dois começaram a trabalhar. Caim, o mais velho, era agricultor. Abel, pastor de ovelhas.

Um dia, os dois jovens decidiram oferecer um presente a Deus. Caim levou um **feixe** de trigo maduro e dourado, o melhor de sua colheita. O presente de Abel foi um cordeiro recém-nascido, o mais bonito do rebanho.

Feixe: conjunto de objetos unidos.

Deus, no entanto, gostou da oferenda de Abel e recusou a de Caim, porque Abel o amava e Caim não. Caim era muito orgulhoso.

Desgostoso e irritado, Caim planejou a morte de seu irmão. De acordo com a Bíblia, foi o primeiro assassinato da história da humanidade.

Atividades

Pensando juntos

1 O bem produz frutos bons e o mal produz frutos maus. Em dupla, observem o quadro abaixo, selecionem os "frutos" e os escrevam nas árvores correspondentes.

gentileza	guerra	verdade	justiça
paz	preguiça	união	inveja
alegria	amizade	violência	falsidade
briga	mentira	amor	bondade
fofoca	roubo	fraternidade	egoísmo

Biry Sarkis/Arquivo da editora

Vamos refletir?

2 Leia a tirinha abaixo e reflita.

QUINO, Joaquín S. L. *Mafalda 9*. São Paulo: Martins Fontes, 2010. p. 19.

Você também pensa como Mafalda? Comente.

____

____

____

3 **Leia as frases, reflita e marque verdadeiro (V) ou falso (F) conforme sua análise das afirmativas.**

( ) A escolha de Adão e Eva trouxe o mal ao mundo.

( ) Poder escolher significa gerar confusão.

( ) Se não pudéssemos escolher, seríamos como robôs.

( ) Escolher o bem ajuda a trazer felicidade.

( ) Mentir é uma boa ação.

4 **De acordo com a Bíblia, Caim, filho de Adão e Eva, escolheu o mal e praticou o primeiro ato de violência da humanidade.**

a) Que ato foi esse?

____

b) Por que Caim fez isso?

____

c) Em sua opinião, ainda existe inveja no mundo? Comente.

____

d) O que você acha que deveria haver em lugar da inveja? Explique.

____

5 Não só as atitudes, mas também as palavras, devem estar a serviço do bem. Assinale abaixo os itens que podem completar a frase.

- Você faz o bem pelas palavras quando...

( ) usa palavras gentis.
( ) faz fofocas.
( ) pede desculpas.
( ) fala com bondade.
( ) grita com os outros.
( ) consola alguém.
( ) diz palavrões.
( ) agradece.
( ) reza.
( ) recusa ajudar os colegas.

6 Leia o poema abaixo, reflita sobre seu significado e então converse com o professor e os colegas.

Palavras

Jogue uma pedra na água:
ela some num instante,
mas deixa dezenas de ondas
girando em círculos e círculos e círculos...

Diga uma palavra ríspida:
ela some num instante,
mas deixa dezenas de ondas
girando em círculos e círculos e círculos...

Diga uma palavra amável:
ela some num instante,
mas deixa dezenas de ondas
girando em círculos e círculos e círculos...

Poema anônimo.

Biry Sarkis/Arquivo da editora

Saiba mais

***Construindo o planeta Terra*, National Geographic.**

Documentário que ajuda a entender melhor como se formou o planeta Terra. Inclui informações sobre conceitos que unem a genética às teorias de Darwin sobre seleção natural. Disponível em: <www.youtube.com/watch?v=MPATtHrY1AM>. Acesso em: 3 nov. 2016.

A nova Aliança

Deus e os israelitas fizeram a aliança no monte Sinai. Mas o Decálogo, muitas vezes não cumprido, não evitou que enfrentassem tempos terríveis de exílio, divisões entre as tribos e invasões estrangeiras.

Eles, porém, não perderam a esperança. Confiantes nas promessas dos profetas, continuaram esperando um salvador, outro Moisés que reunisse todos em torno de uma nova aliança com Deus.

De acordo com o Novo Testamento, o messias prometido por Deus veio na pessoa de Jesus, mas os judeus não o reconheceram como tal e, portanto, esperam até hoje por um salvador.

André Valle/Arquivo da editora

O nascimento de Jesus de Nazaré

Segundo o Novo Testamento, a notícia do nascimento do Salvador foi dada por um anjo.

> Não tenham medo! Eu lhes anuncio a Boa Notícia, que será uma grande alegria para todo o povo: hoje, em Belém, nasceu o Salvador esperado.

Texto elaborado com base em: Lucas 2,10-11. *Bíblia Sagrada*. 8. ed. Tradução da CNBB. Brasília: Edições CNBB; São Paulo: Editora Canção Nova, [s.d.]. p. 1271.

André Valle/Arquivo da editora

A Aliança definitiva

Antes de fazer a nova e definitiva Aliança, Jesus percorreu a Palestina ensinando ao povo os mandamentos do amor. O amor que ele anunciou é mais exigente que o do Antigo Testamento, pois antes não havia a obrigação de amar até os inimigos (Mateus 5,44).

A nova Aliança, entretanto, não foi feita apenas com o povo judeu. Agora, todos os povos são convidados a se unir a Deus. Para isso, basta que eles vivam de acordo com o mandamento do amor.

Atividades

1 Reúna-se com um colega para preencher o diagrama. Depois, completem as frases com as mesmas palavras e reconheçam as características da nova Aliança.

Jean-Claude Francolon/Gamma-Rapho/Getty Images

Madre Teresa cuidando de uma criança em Calcutá, Índia. Foto de 1979.

a)		F	R		T		R	N					
b)							M	O					
c)								V					
d)								A					
								*					
e)		L		B			D	A					
		N	O	V	A	*	A	L	I	A	N	Ç	A
f)			A			G		I					
g)								A					
h)								N					
i)	E							Ç					
j)								A					

- **A nova Aliança...**

a) propõe uma vida com mais ____________________.

b) prega o ____________________ a Deus e ao próximo.

c) é promessa de ____________________ nova.

d) devolve a ____________________ à humanidade.

e) fortalece a ____________________.

f) enche os corações de ____________________.

g) traz o ____________________ esperado.

h) convida a ____________________ inteira a participar.

i) reacende a ____________________.

j) está escrita na Bíblia, no Novo ____________________.

Reprodução/The Metropolitan Museum of Art, Nova York, EUA.

Cura do paralítico de Cafarnaum, de Jan Rombouts, obra do século XVI. (Vitral, 66 cm × 49,2 cm.)

2 Ainda em dupla, pensem juntos e respondam.

a) Que fez Jesus antes de realizar a nova Aliança?

____

____

b) Todos os que desejarem podem fazer parte da nova Aliança? De que modo?

____

____

Bridgeman Images/Easypix Brasil/Museu do Louvre, Paris, França.

A última ceia, do francês Philippe de Champaigne, 1654. (Óleo sobre tela, 80 cm × 149 cm.)

3 **Circule as palavras ou expressões que completam as frases corretamente.**

a) Para os cristãos, o salvador esperado era...

Moisés. Jesus.

b) Para fazer parte da nova Aliança, são convidados...

só os israelitas. todos os povos.

c) Para fazer a aliança com Deus, é necessário...

praticar os Dez Mandamentos. decorar os Dez Mandamentos.

d) O nascimento de Jesus foi anunciado por...

amigos de Maria. um anjo.

4 **Assinale com um x as afirmativas corretas.**

( ) Na aliança do monte Sinai, o povo prometeu cumprir os Dez Mandamentos.

( ) O povo foi fiel e cumpriu inteiramente a sua parte na aliança.

( ) O povo de Deus sempre viveu em completa paz e fraternidade.

( ) O povo esperava um salvador para fazer uma nova aliança.

( ) A nova Aliança foi feita só com o povo de Deus.

( ) A nova Aliança foi feita com toda a humanidade.

5 **Cada frase à esquerda tem uma correspondente à direita. Relacione as informações colocando o número correto nas frases da direita.**

(1) O povo israelita não viveu de acordo com os mandamentos de Deus.

(2) Hoje temos pouca fraternidade, gente fazendo guerra e gente passando fome.

(3) O que fez Deus para socorrer o seu povo desorientado e infeliz?

(4) Os mandamentos ensinados por Jesus são mais exigentes que os do Antigo Testamento. Por quê?

( ) Isso é sinal de que o povo de hoje também não vive como Deus quer.

( ) Para socorrer o seu povo, Deus enviou à Terra seu próprio filho, Jesus.

( ) Por isso, teve pouco tempo de fraternidade, paz e liberdade.

( ) Os mandamentos da nova e definitiva Aliança nos mandam amar o próximo como a nós mesmos e amar até os inimigos.

Sarawut Aiemsinsuk/Shutterstock

Vista panorâmica do monte Sinai, no Egito. Segundo os relatos bíblicos, foi no monte Sinai que Moisés recebeu os Dez Mandamentos para guiar a conduta do povo hebreu conforme as recomendações de Deus. Foto de 2014.

UNIDADE 4

As mitologias

10 A importância das mitologias

11 A caixa de Pandora

12 Narciso, belo e infeliz

Academia de Artes de Atenas, fundada em 1926, na Grécia. Nos pilares da entrada do edifício, observam-se as estátuas dos filósofos Platão e Sócrates; ao fundo, à direita, observa-se a escultura de Apolo, que na mitologia grega é o deus das artes, da música e da cura.

Peter Domotor/Alamy Stock Photo/Fotoarena

Assembleia dos deuses ao redor do trono de Júpiter, afresco em uma cúpula do Palácio do Te, em Mântua, Itália. A obra arquitetônica (1532-1534) leva a assinatura de Giulio Romano. O local foi a residência de verão do marquês de Mântua, Federico II Gonzaga.

1. O que você entende por mitos?
2. Que relação você faz entre mitos e religiões?

Capítulo 10

A importância das mitologias

Mito é a história de deuses e tem por objetivo explicar por que a vida é assim como é.

Texto elaborado com base em: GAARDER, Jostein. ***O mundo de Sofia***. São Paulo: Cia. das Letras, 2013. p. 35.

A tela *Parnaso*, do francês Nicolas Poussin, de 1626, representa a morada de Apolo, deus das artes, da música e da cura, e das musas, deusas que inspiravam artistas e cientistas. (Óleo sobre tela, 145 cm × 197 cm.)

Entender como o mundo funciona e por que as coisas acontecem sempre foi um desejo humano. Ao longo de sua existência, a humanidade criou histórias (mitos) para dar explicações sobre a vida. Neste capítulo, você vai conhecer alguns mitos que guiaram muitos povos ao longo da História e como o surgimento da filosofia foi transformando essa realidade.

Mitologia é o estudo dos mitos. E também significa o conjunto de mitos de um povo.

Mitos são histórias simbólicas criadas pelos povos antigos com a intenção de explicar fenômenos ou acontecimentos que desconheciam. Sobre a origem do fogo, por exemplo, há muitos mitos. De acordo com os indígenas de língua jê (canelas e xavantes, entre outros), o fogo foi roubado de uma toca de onça. Mas, antes disso, é contada uma narrativa que envolve elementos da natureza, animais e pessoas. Leia no boxe a seguir.

Lenda dos xavantes

Conta uma lenda xavante que originalmente a onça detinha o fogo. Um dia, dois xavantes, neto e cunhado, foram caçar. O neto subiu em um penhasco com uma escada e jogou uma pedra no cunhado. O cunhado ficou bravo e foi embora. A onça veio e levou o garoto para a sua toca. O neto viu o fogo pela primeira vez quando a onça assou carne. Ao voltar para sua tribo, o neto contou sua aventura e levou carvão como prova. Para roubar o fogo da onça, os xavantes se transformaram em animais. Aí a anta roubou o fogo e passou para o cervo, que passou para outro animal e depois para outro, até chegar à capivara. Um passarinho resgatou o fogo da capivara e o levou à aldeia. Com fogo para assar e mais caça para comer, o povo xavante se multiplicou e ficou mais forte.

Biry Sarkis/Arquivo da editora

Texto elaborado com base em: *Lenda dos xavantes.* Disponível em: <https://tinyurl.com/yc4leh2p>. Acesso em: 31 maio 2017.

As histórias míticas eram passadas de geração em geração, comumente de forma oral. Há mitos sobre a origem do Universo, da vida, sobre a morte, o amor, o ódio, a chuva, a criação dos primeiros seres humanos, etc. Quer dizer, pelos mitos podia se explicar tudo o que é fundamental à existência humana.

Os mitos não têm um início histórico. Sua origem foi perdida no tempo. A palavra mito também pode significar mentira. Dizer, por exemplo, que comer queijo causa esquecimento é um mito.

Certas pessoas famosas também se tornam mitos. Nesse caso, mito tem sentido de pessoa poderosa.

Para ler e pensar

O castigo de Prometeu

Segundo a mitologia grega, Prometeu criou os seres humanos a partir da argila, mas precisava entregar-lhes algo essencial à vida na Terra: o fogo. Foi o que ele fez, mas isso lhe custou um castigo eterno de Zeus, o rei dos deuses. Zeus não queria que os homens aprendessem a usar o fogo, pois temia que os humanos se tornassem tão poderosos quanto os deuses. O fogo é o símbolo da inteligência. Sem o fogo, portanto, a humanidade se manteria na ignorância.

Prometeu foi amarrado a uma rocha no alto de um monte. Diariamente uma águia vinha comer-lhe o fígado. Durante a noite, o fígado crescia de novo, e lá vinha ela devorá-lo outra vez, e assim eternamente.

www.bridgemanart.com

Prometeu acorrentado, 1612, do pintor flamengo Peter Paul Rubens. (Óleo sobre tela, 242,6 cm × 209,5 cm.)

A técnica de fazer fogo foi uma conquista dos próprios seres humanos, após muitas tentativas. Eles perceberam que obteriam fogo por meio da faísca, friccionando uma pedra na outra ou um graveto seco na madeira. Notaram que a faísca incendiava palhas secas. Também descobriram que obtinham fogo quando um raio atingia uma árvore seca.

Atividades

Vamos refletir?

1 **Complete, consultando o banco de palavras abaixo.**

vida	animal	mitos	humanos
mundo	explicação	Sol	noite

a) Nenhum ________ se preocupa em saber como tudo começou ou por que a ________ existe, por que o ________ brilha, por que a ________ é escura.

b) Mas os ________ desde sempre questionaram tudo, inclusive de onde vieram, por que estão aqui, etc., e procuraram ________ sobre como as coisas acontecem no ________. Foi por isso que surgiram os ________.

2 **O que é, o que é?**

a) Tentativa de explicar o mundo,
inclui personagens
sobrenaturais,
não tem data nem autor,
existe em muitas culturas.
É ________________.

b) Estudo de narrativas simbólicas,
conjunto de histórias fantásticas,
riqueza cultural que extrapola o
tempo,
muitos povos a possuem.
É ________________.

3 **Risque a frase que NÃO tem relação com o conceito de mito.**

a) História que inclui deuses, heróis e monstros.

b) Ajuda a refletir sobre questões da vida.

c) Forma de explicar o mundo e os fenômenos naturais.

d) Acontecimento do passado que não interessa hoje em dia.

e) É transferido de geração em geração.

4 **Assinale com um x a resposta correta.**

- **Qual é a função primordial do mito?**

( ) Ensinar como as coisas realmente funcionam no mundo.

( ) Enganar as pessoas para que elas nunca conheçam as ciências.

( ) Esclarecer os seres humanos diante de um mundo assustador.

( ) Fazer com que as pessoas tenham mais medo das coisas desconhecidas.

Pensando juntos

5 **A palavra mito tem um sentido rico e variado que pode expressar diversos conceitos ou ideias. Leia a seguir e, em dupla, descubram e acrescentem exemplos de mitos para cada conceito.**

a) O mito como narrativa ou história com significado simbólico. Exemplos:

Mito de Robin Hood, ______________________________

______________________________.

b) O mito como referência a pessoas famosas, tomadas como modelos. Exemplos:

Pelé, mito do futebol; ______________________________

______________________________.

c) O mito como crendice ou mentira. Exemplos:

Dormir com o caderno embaixo do travesseiro faz aprender; ______________

____

______________________________.

Trocando ideias

6 **Releia o mito de Prometeu. Depois converse com o professor e os colegas sobre as questões abaixo e escreva suas respostas.**

a) O fogo foi de fato um presente dos deuses ou foi uma conquista dos próprios seres humanos? Explique.

____

____

b) Imagine o mundo de hoje sem o fogo. Como seria?

____

____

c) Dentre os muitos benefícios que o fogo trouxe à humanidade, qual você considera o mais importante? Por quê?

____

____

Capítulo 11

A caixa de Pandora

[...] até onde podemos ser curiosos sem nos causar problemas? Muita curiosidade mata, mas é sinal de vida. Pouca curiosidade faz de você uma pessoa mais cuidadosa, mas, talvez, sem vida.

PONDÉ, Luiz F. A esperança de Pandora. ***Folha de S.Paulo***, São Paulo, 28 dez. 2015. Disponível em: <http://tinyurl.com/gq2x5ll>. Acesso em: 4 out. 2016.

A história da caixa de Pandora faz parte da mitologia grega. A caixa de Pandora era o mito usado pelos gregos para explicar os males e as doenças que afligiam o ser humano. Na história mitológica, Pandora (primeira mulher mortal do mundo) foi criada pelo deus do fogo e dos metais, Hefesto, como presente aos homens.

Por ter aberto a caixa que continha todos os males do mundo, Pandora ficou conhecida como aquela que trouxe as infelicidades para os seres humanos. Mas existe outra visão sobre a atitude de Pandora, a de que ela contribuiu para o aperfeiçoamento da humanidade.

Neste capítulo, você vai conhecer melhor o mito grego de Pandora.

Look and Learn/Bridgeman Images/Easypix Brasil

A caixa de Pandora representa o coração do ser humano. *Pandora abrindo a caixa*, litografia colorida criada para *O livro vermelho para meninas*, publicado em Londres, em 1905.

De acordo com a mitologia grega, Pandora foi a primeira mulher criada. Mas não foi Zeus, o deus supremo, quem a fez.

Ele encarregou Hefesto, deus do fogo e habilidoso artesão, de confeccionar em bronze a imagem de uma mulher de extrema beleza, à qual os deuses do **Olimpo** concederam presentes e qualidades excepcionais. Atena concedeu-lhe a justiça e as estratégias de guerra; Afrodite ensinou-lhe os encantos propiciados pela beleza; Hermes ofereceu o dom da palavra insinuante; e as Graças mimaram-na com joias raras. Por isso, foi chamada de Pandora, que em grego significa "portadora de todos os dons".

Olimpo: lugar onde habitavam as divindades gregas e latinas.

Alexey Zarubin/Alamy Stock Photo/Fotoarena

O monte Olimpo é a montanha mais alta da Grécia e, pela proximidade com o céu, representa a morada dos deuses na mitologia. Foto de 2015.

Mas o que Zeus pretendia ao criar uma mulher tão irresistível? Ele queria se vingar de Prometeu, que roubara o fogo dos céus e o entregara aos mortais.

A missão de Pandora era dar a Prometeu uma caixa fechada, onde estavam todas as desventuras, calamidades e desgraças do mundo.

Prometeu, que quer dizer "o que pensa antes", recusou-se a abrir a caixa e recomendou que Epimeteu, seu irmão, fizesse o mesmo. Mas, assim que Epimeteu viu aquela bela mulher, logo se encantou por ela e tomou-a por esposa.

Não demorou muito, Epimeteu, cujo nome significa "aquele que pensa depois", permitiu que ela abrisse a caixa, da qual escaparam todos os males que desde então afligem os humanos. Dentro da caixa ficou apenas a esperança, dom ou virtude que pode ajudar os homens a vencer ou evitar as dificuldades da vida.

Simbologia

A caixa de Pandora simboliza tudo aquilo que, sob a aparência de encanto e prazer, é fonte de desgraças.

Mas existe uma forma diferente de ver esse mito. Em um outro ponto de vista, Pandora concedeu à humanidade a possibilidade de se aperfeiçoar ao enfrentar as dificuldades. Ela é, portanto, a fonte da força, da dignidade e da beleza, porque as adversidades possibilitam o aprimoramento dos seres humanos.

Você já pensou em como a esperança nos ajuda a viver? Cada pessoa tem alguma esperança.

- Os estudantes esperam as férias.
- Os pais, um futuro feliz aos filhos.
- O desempregado, conseguir um emprego.
- O doente, curar-se.
- O preso, liberdade.
- O candidato a político, ser eleito.
- O atleta, ganhar medalha.
- Os que passam necessidades, uma vida melhor.

Biry sarkis/Arquivo da editora

Para ler e pensar

A rainha do mar

Iemanjá é uma divindade do candomblé e da umbanda, religiões afro-brasileiras. De acordo com seus seguidores, ao contrário de Pandora, ela cuida de seus adeptos e protege o meio ambiente. É considerada a rainha do mar e da maternidade, além de ajudar as pessoas a encontrar o equilíbrio emocional.

Mauro Akin Nassor/Fotoarena

Celebração do Dia de Iemanjá em Salvador (BA). Considerada a divindade das águas para os adeptos do candomblé e da umbanda, Iemanjá é padroeira dos pescadores. Foto de 2015.

Yemanjá,* Rainha do Mar

Quanto nome tem a Rainha do Mar?
Quanto nome tem a Rainha do Mar?

Dandalunda, Janaína,
Marabô, Princesa de Aiocá,
Inaê, Sereia, Mucunã,
Maria, Dona Yemanjá.

Onde ela vive?
Onde ela mora?

Nas águas,
Na **loca** de pedra,
Num palácio encantado,
No fundo do mar.

O que ela gosta?
O que ela adora?

Loca: esconderijo de peixe debaixo de pedra.

Perfume,
Flor, espelho e pente
Toda sorte de presente
Para ela se enfeitar.

Como se saúda a Rainha do Mar?
Como saúda a Rainha do Mar?

Alodê, Odofiaba,
Minha mãe, Mãe-D'Água,
Odoyá!

Qual é seu dia,
Nossa Senhora?

É dia dois de fevereiro
Quando na beira da praia
Eu vou me abençoar.

E o que ela canta?
Por que ela chora?

Só canta cantiga bonita
Chora quando fica aflita
Se nos vê chorar.

Quem é que já viu a Rainha do Mar?
Quem é que já viu a Rainha do Mar?

Pescador e marinheiro,
Quem escuta a sereia cantar.
É com o povo que é praieiro
Que Dona Yemanjá quer se casar.

AMORIM, P.; PINHEIRO, C. Yemanjá, Rainha do Mar. Intérprete: Maria Bethânia. In: *Mar de Sophia*. [S.l.]: Biscoito Fino, 2006. 1 CD. Faixa 2.

* Grafia que remete à origem do nome.

Atividades

Pensando juntos

1 **Converse com um colega e, juntos, completem as respostas.**

a) Quem foi Pandora?

Segundo a mitologia grega, Pandora ______________________________

______________________________.

b) Como se chamava a primeira mulher, segundo a Bíblia?

A primeira mulher, segundo a Bíblia, ______________________________

______________________________.

2 **Segundo a mitologia, os deuses presentearam Pandora com muitos dons e qualidades.**

a) Ainda em duplas, consultem o texto e relacionem cada um dos deuses ao respectivo presente oferecido a Pandora.

(1) A deusa Atena	( ) deu-lhe o dom da palavra insinuante.
(2) A deusa Afrodite	( ) ensinou-lhe as estratégias de guerra.
(3) O deus Hermes	( ) ofereceram-lhe joias raras.
(4) As deusas Graças	( ) ensinou-lhe os encantos da beleza.

b) Agora leiam com atenção e completem as frases abaixo.

- Todos esses presentes fizeram de Pandora uma mulher de ______________

  ______________________________.

- O nome Pandora, em grego, significa ______________________________

  ______________________________.

- A missão de Pandora era entregar ______________________________

  ______________________________.

- Dentro da caixa estavam ______________________________

  ______________________________.

- Prometeu recomendou a seu irmão, Epimeteu, que ______________________________

  ______________________________.

3. **Para pensar e responder em dupla.**

a) O que aconteceu, então, com a caixa de Pandora?

____

____

____

b) Qual foi a única coisa que ficou retida na caixa, ao ser fechada?

____

____

c) Pesquise no texto e escreva o significado dos nomes dos irmãos:

- **Prometeu** significa ______________________________.
- **Epimeteu** significa ______________________________.

Trocando ideias

4. **Após reler o texto, converse com o professor e os colegas sobre as questões a seguir e escreva suas respostas individualmente.**

a) No seu entender, o comportamento dos irmãos tem relação com o significado de seus nomes? Explique.

____

____

____

b) O que você acha mais conveniente: "pensar antes" ou "pensar depois" de agir? Por quê?

____

____

____

c) Você se parece mais com aquele que "pensa antes" ou com aquele que "pensa depois" de agir? Justifique.

____

____

____

d) Em sua opinião, como seria o mundo se todos "pensassem antes de agir"?

____

____

____

____

Vamos refletir?

5 **Releia a letra da canção "Yemanjá, Rainha do Mar" e responda às questões.**

a) Complete, explicando *quem* são ou o *que são* as partes escritas em negrito nas frases abaixo.

- **Iemanjá** é uma ______________________________________.
- **Candomblé** e **umbanda** são ______________________________.
- **Afro-brasileiro** é o que se refere, ao mesmo tempo, ____.

b) Você já teve oportunidade de ver ou participar de uma festa de Iemanjá? Se sim, conte como foi essa experiência.

____

____

____

____

c) Responda apenas **sim** ou **não**.

Você sabia que...

- para os católicos, 2 de fevereiro é o dia de Nossa Senhora dos Navegantes?

  ____

- nesse dia, os católicos fazem procissões de barcos, transportando uma imagem da mãe de Jesus sobre o mar?

  ____

d) Procure na letra da canção o nome Maria entre os diversos nomes da Rainha do Mar e circule-o.

Capítulo 12

Narciso, belo e infeliz

O amor construído sobre a beleza morre com a beleza.

DONNE, John. ***The Variorum Edition of the Poetry of John Donne***. Indiana: Indiana University Press, 2000. v. 2. p. 217.

Andrew Ferez/Acervo do artista

Espelho, de Andrew Ferez, [s.d.], um ilustrador digital russo conhecido por suas criações sombrias e surreais. Nessa criação, os espelhos mostram imagens distintas, umas sobre as outras, em uma espécie de labirinto.

A avaliação da beleza humana varia de época para época e de lugar para lugar. Toda beleza, para ser completa, precisa ser acompanhada de valores morais. Um exemplo de beleza vazia está bem descrito no conto de fadas da Branca de Neve, dos Irmãos Grimm. Na história, a madrasta da Branca de Neve se enfurece por não ser mais a bela entre as belas e busca então matar a enteada.

Vamos conhecer neste capítulo o mito de Narciso. Esse mito pode nos ensinar, por exemplo, que a pessoa verdadeiramente bela é a que aprende a amar, a sair de si e a buscar a felicidade de mãos dadas (como irmãos) com os seres da Terra.

O mito de Narciso

Narciso nasceu lindo. Nenhuma criança era tão bela quanto ele. Sua mãe, a ninfa Liríope, consultou Tirésias, um mortal que possuía o dom de ver o futuro. Liríope questionou se seu filho teria uma vida longa ou não, temendo que os deuses pudessem castigá-lo por ser tão belo. Tirésias respondeu que ele chegaria à velhice, mas somente se nunca visse a própria imagem.

Album/Fotoarena/Museu do Prado, Madri, Espanha.

Narciso, pintura do século XVII do belga Jan Cossiers. (Óleo sobre tela, 97 cm × 93 cm.)

Um dia Narciso decidiu ir caçar na companhia de seus amigos em uma floresta próxima à cidade em que moravam. Durante a caçada, Narciso se perdeu do grupo e vagou sozinho pela floresta procurando seus companheiros.

A ninfa Eco o observava de longe. As ninfas são divindades da natureza. No Olimpo, Eco era conhecida por falar muito bem a respeito de todos os assuntos, porém ela foi amaldiçoada por uma deusa que lhe tirou a capacidade de falar normalmente como todo mundo. Eco só podia repetir as últimas palavras de quem ouvia.

Enquanto Narciso procurava os companheiros, gritou:

– Tem alguém aqui?

– Aqui, respondeu Eco desejando ajudá-lo.

– Então vem, disse Narciso.

– Vem, respondeu Eco.

Eco foi de braços abertos em direção a Narciso, mas ele a afastou e foi embora, pois temia que ela fosse mais uma das ninfas que o desejavam.

Ao adentrar ainda mais na floresta, Narciso encontrou um lugar tranquilo, com um lago de águas límpidas. Debruçou-se para beber água e saciar sua sede; nesse instante viu sua imagem refletida no lago e se apaixonou por ela, sem saber que se tratava dele mesmo, pois nunca tinha visto o próprio rosto. Pela primeira vez, conseguiu se apaixonar por alguém: ele mesmo.

Lukasz Grudzien/Shutterstock

Campo de narcisos em Washington, nos Estados Unidos.

Eco ainda o acompanhava, escondida entre a vegetação, sem poder avisar Narciso sobre o que estava acontecendo com ele.

Ali, Narciso ficou até morrer, contemplando a si mesmo no espelho-d'água. Muito triste, Eco se refugiou no alto de um monte, onde se enrijeceu e calcificou até se tornar uma só com a rocha. Dela só sobrou a repetição da última palavra que alguém grita perto das montanhas.

No lugar em que estava o corpo de Narciso, já sem vida, surgiu uma linda flor que recebeu seu nome.

O caule da planta inclina-se antes da flor, virando-a para baixo. Segundo o mito, a planta é assim porque Narciso estava olhando para baixo, em direção a seu reflexo, quando morreu e se transformou na flor.

Para ler e pensar

Os perigos da vida

De acordo com o mito grego, Narciso morreu afogado ao ficar fascinado pela própria imagem refletida no lago. Não resistiu à sua beleza física. Foi uma espécie de *selfie* fatal. A busca pela perfeição do corpo já fez muitos perderem a cabeça e até a vida. É o tema de muitas histórias românticas.

A riqueza material é outro perigo. Muita gente faz do acúmulo de bens materiais a finalidade principal da vida.

Também não nos esqueçamos da vaidade, que nos faz acreditar que somos superiores aos outros.

Enfim, são muitos os perigos dessa vida. Mas há uma virtude que nos ensina a não exagerar em nada: a prudência. Assim: você pode cultivar a aparência física, mas não faça disso o objetivo de sua vida. Você pode acumular certa quantia em bens materiais, mas não faça disso a única finalidade da vida. Você pode se valorizar, mas evite a vaidade.

Existe um mandamento cristão que pode nos livrar dessas e outras armadilhas: "Ame o próximo como a si mesmo" (Mateus 19,19).

Atividades

Vamos refletir?

1 Leia o texto, complete as lacunas com as palavras do quadro e preencha o diagrama com as mesmas palavras.

flor	infeliz	lindíssimo	egocêntrico
vaidoso	solitário	triste	

NARCISO nasceu __________________. Porém, convencido de sua beleza, tornou-se __________________. Isso fez dele um jovem __________________ e __________________. Assim, sentia-se muito __________________ e, um dia, enquanto contemplava sua bela imagem, debruçado sobre as águas de um rio, encontrou seu __________________ fim. E, no exato lugar onde ele morreu, nasceu uma linda __________________ que recebeu o seu nome: NARCISO.

Biry Sarkis/Arquivo da Editora

2 Assinale as alternativas que completam corretamente a frase.

- Do mito de Narciso, podemos aprender que:
  - ( ) quem tem beleza vale mais do que os outros.
  - ( ) a beleza é o mais importante na vida.
  - ( ) só beleza não basta.
  - ( ) é preciso também aprender a amar.
  - ( ) é importante ir ao encontro dos outros.
  - ( ) a felicidade está na aparência física.
  - ( ) a felicidade se busca de mãos dadas com os outros.

3 Do nome Narciso se formaram duas outras palavras. Descubra-as no meio das letras e complete cada frase, usando a palavra encontrada.

a)

E	G	T	Y	B	A	Z	V	B	M	I	P	X	Z	A	G	D
S	F	G	N	A	R	C	I	S	I	S	M	O	H	D	S	A
I	L	K	G	S	C	B	N	F	D	A	R	E	B	G	D	H

____________________ é o amor exagerado à própria imagem.

b)

T	W	E	Q	Y	U	P	O	I	A	F	S	H	D	F	K	L
J	A	Z	V	X	C	B	M	J	N	Y	T	E	S	K	X	A
I	O	P	N	D	C	N	A	R	C	I	S	I	S	T	A	T

____________________ é a pessoa que se ama acima de tudo e de todos.

Pensando juntos

4 Converse com um colega e depois assinale com um **x** as afirmações corretas.

- A pessoa narcisista...
  - ( ) tem fantasias magníficas sobre si mesma.
  - ( ) superestima o próprio sucesso.
  - ( ) é humilde e gentil.
  - ( ) espera sempre tratamento preferencial.

( ) preocupa-se mais com os outros do que consigo.

( ) acha que merece mais do que recebe.

( ) é sensível e atenciosa com as pessoas.

( ) precisa ser constantemente admirada.

Ideias em ação

5 **Leia, reflita e faça uma bela moldura inspirada no mito de Narciso.**

Aqueles que passam por nós
Não vão sós e não nos deixam sós:
Deixam um pouco de si
E levam um pouco de nós.

Antoine de Saint-Exupéry

Saiba mais

***Grécia antiga:* das origens até 529 d.C.**

Site com textos, ilustrações e fotos que ajudam a compreender melhor a história e o pensamento grego. Disponível em: <http://greciantiga.org/>. Acesso em: 21 nov. 2016.

Aula de mitologia *on-line*.

Site que apresenta as histórias e a explicação dos mitos de diversas culturas, como a grega, a egípcia, a nórdica, a inca, etc. Disponível em: <https://aulademitologia.wordpress.com/>. Acesso em: 21 nov. 2016.

O filho de Deus

Mais ou menos 2 mil anos depois de Abraão, nasceu na Palestina um judeu chamado Jesus. Ele se dizia filho de Deus, o Messias esperado há séculos pelo povo.

De acordo com os Evangelhos, Jesus ensinava principalmente por meio de **parábolas**. Ele também podia fazer milagres, revelando, assim, o poder e o amor de Deus.

Alguns de seus milagres foram:

> transformar água em vinho;

> ressuscitar os mortos;

> curar cegos e paralíticos.

Todo esse poder contrastava com sua origem: o filho de Deus nascera em uma **manjedoura** de animais, em Belém. Seu pai terreno era um carpinteiro, profissão que o próprio Jesus provavelmente exerceu até trinta e poucos anos.

Parábola: história contada por Jesus para que o povo entendesse melhor o que ele queria ensinar.

Manjedoura: espécie de comedouro destinado a colocar alimentos para os animais, geralmente cavalos, bois ou vacas.

Aos 12 anos, ele discutiu no Templo com os Doutores da Lei, que ficaram espantados com tão profunda sabedoria do garoto. Depois disso, só voltou a aparecer em público quando já era adulto.

Com cerca de 30 anos, Jesus saiu de casa e começou a percorrer a Palestina para ensinar sobre o Reino de Deus. Passou a revelar aos ouvintes a sua missão na Terra. Dizia-se o Messias que todos esperavam. Muitos ficaram surpresos diante da simplicidade de Jesus e da importância do que ele estava revelando. Indagavam: "Por acaso ele não é o filho do carpinteiro José?". Mais tarde, seus ensinamentos e os de seus seguidores foram reunidos nos livros do Novo Testamento. Surgiu, assim, uma nova religião – o cristianismo –, que atualmente é praticada por grande parte da humanidade.

André Valle/Arquivo da editora

Território da Palestina na época de Jesus (anos 1 a 30 aproximadamente)

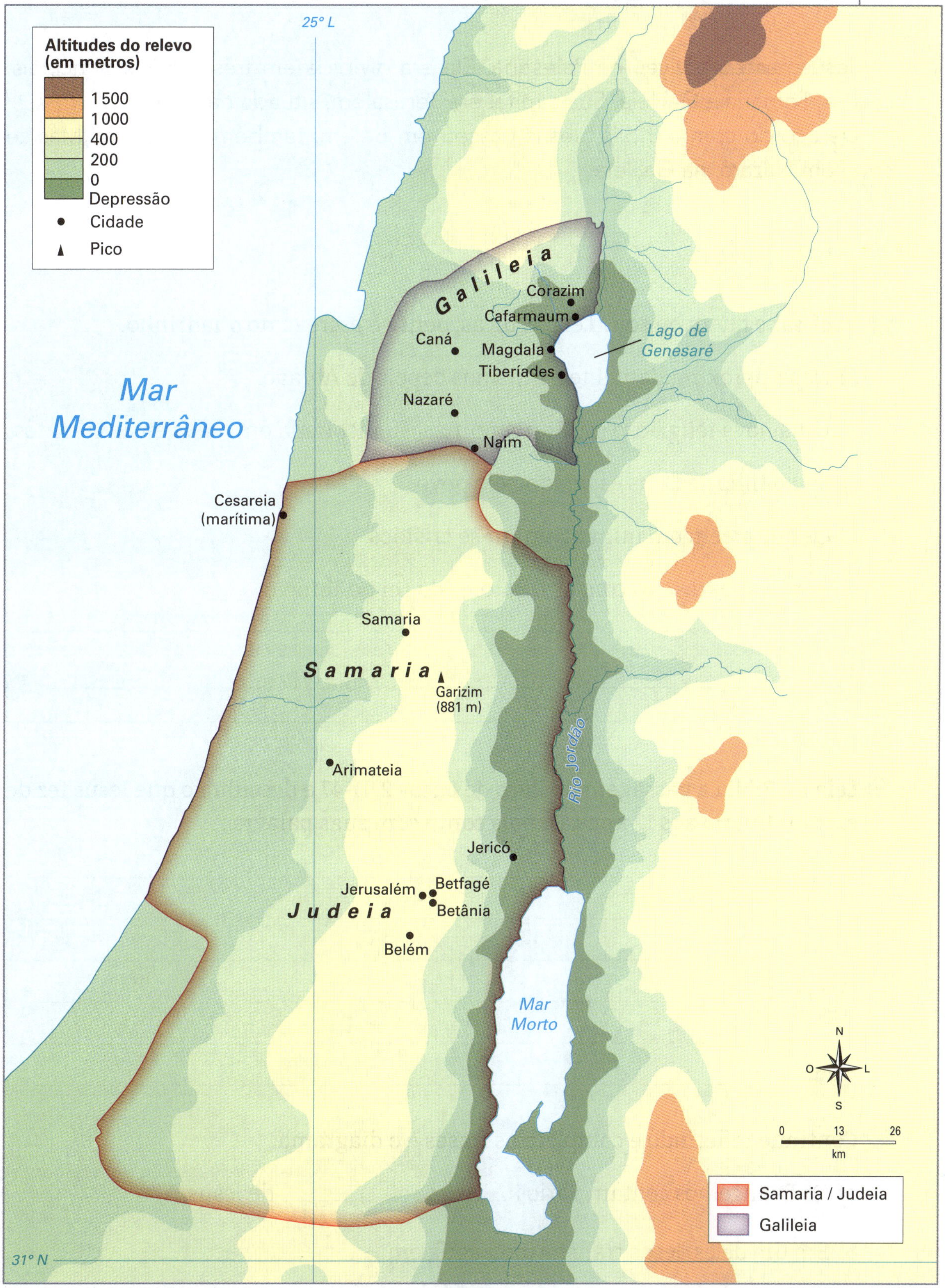

Adaptado de: FERREIRA, Graça. *Atlas geográfico:* espaço mundial. São Paulo: Moderna, 2013. p. 103; ZWICKEL, Wolfgang. *Atlas bíblico.* São Paulo: Paulinas, 2010. p. 37.

Palestina, o país de Jesus

Jesus nasceu e viveu na Palestina. Ela era dividida em três regiões principais: Judeia, Samaria e Galileia. Sua capital era Jerusalém, situada na Judeia.

De acordo com a Bíblia, Jesus nasceu em Belém, também na Judeia. Mas se criou em Nazaré, na Galileia.

Atividades

1 Você sabe quem eu sou? Leia as dicas, pense e escreva no quadrinho.

a) Nasci aproximadamente 2 mil anos depois de Abraão.

b) Uma nova religião, o cristianismo, nasceu inspirada em meus ensinamentos.

c) Sou o filho de Deus esperado pelo povo.

d) Os que creem em mim chamam-se cristãos.

e) Aos 12 anos discuti com os Doutores da Lei no Templo.

____

2 Leia na Bíblia a passagem no livro de Lucas 2,41-47 e descubra o que Jesus fez de extraordinário aos 12 anos. Depois conte com suas palavras.

____

____

____

____

____

____

3 Continue refletindo e complete as frases e o diagrama.

a) Os Evangelhos contam vários ______________ de Jesus.

b) Em um deles, Jesus transformou água em ______________.

c) Esse ______________ aconteceu em uma festa de casamento.

d) Ele também fez paralíticos ____________________.

e) Fez ____________________ enxergarem.

f) Ressuscitou ____________________.

g) Curou ____________________.

h) E assim provou que era filho de ____________________.

Ilustração: André Valle

4 **Ordene as letras e complete as frases com as palavras formadas.**

a) Segundo os Evangelhos, Jesus provou com ____________________ que era realmente o filho de Deus.

S E R G A L I M

b) Milagres são ____________________ extraordinários, ____________________ da divindade de Jesus, sinais de sua ____________________ divina.

S O T S E G   S I A N I S   O Ã S S I M

UNIDADE 5

Você filósofo: do mito à filosofia

13 O que é filosofia?
14 Onde surgiu a filosofia?
15 Os primeiros filósofos

O pensador, escultura em bronze do artista francês Auguste Rodin, 1880 (180 cm × 98 cm × 145 cm).

Serge Vero/Shutterstock

A escola de Atenas, afresco de Rafael Sanzio, 1510-1511, presente no Palácio Apostólico, no Vaticano. A pintura representa vários filósofos, incluindo (ao centro) Platão e Aristóteles (de barba branca).

1. O que você entende por filosofia?
2. Sobre quais filósofos você já ouviu falar?

Capítulo 13

O que é filosofia?

Mas o que é isso que sou? Sou uma coisa que pensa.

DESCARTES, René. In: BUCKINGHAM, Will; BURNHAM, Douglas. ***O livro da filosofia***. São Paulo: Globo, 2011. p. 79.

Look and Learn/Bridgeman Images/Easypix Brasil

Educação de Alexandre, o Grande, por Aristóteles, litografia colorida de José Armet Portanell (1843-1911), criada para a obra *A ciência e seus homens*, do pensador francês Luis Figuier.

A filosofia surgiu há mais de 2,5 mil anos. Ou seja, surgiu muito antes da descoberta do Brasil. A filosofia nasceu na Grécia. Por isso, é uma palavra de origem grega: *filos* (amigo) + *sofia* (sabedoria).

Neste capítulo, vamos aprender que filosofar é ser amigo da sabedoria, é procurar a verdade e o significado das coisas. E descobriremos que foi a partir da filosofia que surgiram também as outras ciências existentes hoje.

A filosofia é a arte de pensar bem, evitando os erros e a ignorância. Isso não é uma tarefa fácil. Muitas vezes, os próprios filósofos discordam uns dos outros, pois existem muitos caminhos diferentes para se chegar à verdade. Mas essas divergências não tiram o mérito da filosofia. Pelo contrário, enriquecem-na. Quanto mais discutimos, mais perto chegamos de conhecer todos os lados da verdade.

Outras disciplinas

A Matemática, a Língua Portuguesa e as outras disciplinas que estudamos na escola também nos ajudam a pensar racionalmente. Nenhuma delas, porém, o faz da mesma forma que a Filosofia, que se dedica à reflexão sobre todos os setores da realidade e da existência humana considerando todos os assuntos possíveis.

Aristóteles, um dos grandes filósofos da Grécia antiga, dizia que "todas as outras ciências serão mais necessárias do que esta [a Filosofia], mas nenhuma será superior a ela".

www.fotoarena.com.br

Aristóteles. Escultura localizada em Estagira, Grécia, cidade natal do filósofo. Pesquisador de múltiplos interesses, as áreas de estudo de Aristóteles (384 a.C.-322 a.C.) abarcavam música, poesia, lógica, retórica, zoologia (estudo dos animais), biologia, entre outras.

Margarita Kiaou/EFE

Ruínas da escola de Aristóteles em Naousa, cidade da antiga Macedônia e agora pertencente à Grécia. No local, o filósofo educou membros da elite do mundo grego – dos quais, Alexandre, o Grande, foi um deles. Foto de 2007.

Para ler e pensar

Provérbios dos povos

Não são só os filósofos que procuram refletir a respeito das coisas. Os povos, ao longo dos séculos, também conseguiram criar um acervo de conhecimentos que os ajudam a viver melhor.

Em geral, a sabedoria dos povos é sintetizada em frases curtas, chamadas provérbios. Fáceis de memorizar, eles são repetidos com frequência e passados de geração a geração.

Veja alguns provérbios abaixo.

1. Cão que ladra não morde. Enquanto ladra.
2. De nada adianta correr se estamos na estrada errada.
3. Um provérbio-poema:

   Pelo que sei e que vi,
   o tempo vai sempre embora:
   depressa se a gente ri,
   devagar se a gente chora.

4. Diga-me com quem andas que te direi quem és.
5. Mais vale um pássaro na mão do que dois voando.
6. Quem não tem cão caça com gato.
7. Água mole em pedra dura tanto bate até que fura.
8. Deus, dê-me paciência, e depressa!
9. A minhoca está sempre errada quando discute com a galinha.
10. A escola da vida não tem férias.

Veja agora alguns provérbios da era digital.

1. Amigos, amigos; senhas à parte.
2. Quando um não quer, dois não teclam.
3. Na informática, nada se cria, tudo se copia... e depois se cola.

Kiko Welbber/Acervo do cartunista

WELBBER, Kiko. *Talco e Show:* cão que ladra, não morde. Disponível em: <http://talcoeshow.blogspot.com.br/2012/06/cao-que-ladra-nao-morde.html>. Acesso em: 2 jun. 2017.

Atividades

Vamos refletir?

1 Mafalda não guarda suas dúvidas, mas o pai dela nem sempre sabe responder às suas perguntas. Observe o quadrinho e faça o que se pede.

©Joaquín Salvador Lavado (QUINO) TODA MAFALDA/Fotoarena

QUINO, Joaquín S. L. *Mafalda 4*. São Paulo: Martins Fontes, 2010. p. 90.

- Releia o texto e, no quadrinho ao lado desse da Mafalda, desenhe os personagens novamente e crie a resposta do pai dela em um balão.

2 **Mito ou filosofia? Leia as informações e preencha cada lacuna com o termo que completa corretamente as frases.**

a) O ______________________ já não satisfazia as necessidades culturais da época. Surgiu então a ______________________, que busca explicações baseadas na razão.

b) A ______________________ questiona tudo: é um convite ao raciocínio, à discussão. O ______________________ é uma narrativa cujo conteúdo não se questiona.

c) Em qual das alternativas a conclusão não é dada, mas é procurada? Na ______________________, pois no ______________________ a conclusão já vem pronta.

d) ______________________ é imaginação, fantasia.

e) ______________________ é reflexão, raciocínio, busca da verdade.

Pensando juntos

3 **Provérbios são frases que expressam a sabedoria popular. Identifique com um colega na coluna da direita a explicação para os provérbios na coluna da esquerda.**

a) Quem corre atrás de dois coelhos não pega nenhum.

b) Se todos fossem heróis, quem ficaria na calçada aplaudindo?

c) Os olhos são inúteis se a mente é cega.

d) A minhoca está sempre errada quando discute com a galinha.

e) Cavalo alugado não cansa.

f) Sabe mais quem fala menos.

( ) Evidentemente ninguém seria herói se todos fossem heróis. Heróis se destacam e, por isso, são poucos.

( ) A lei da força, em geral, é mais poderosa do que a força da lei. Fracos e pobres geralmente não têm vez nem voz.

( ) Os que querem fazer muitas coisas ao mesmo tempo não fazem nada direito.

( ) Não se cuida do que é dos outros como se cuida do que é seu. Vandalismos e depredações dos bens públicos confirmam isso.

( ) Quem fala menos ouve mais e, consequentemente, aprende mais.

( ) Para quem não aprendeu a ver, os olhos não mostram o que é essencial, como as belezas e as necessidades dos outros.

4 **A filosofia nos ajuda a não ter preconceitos nem superstições. Converse sobre isso com um colega e respondam, juntos, às questões abaixo. Se necessário, consultem um dicionário.**

a) O que é preconceito?

____

____

b) Citem e comentem um exemplo de preconceito.

____

____

____

c) O que é superstição?

d) Citem e comentem uma superstição.

Biry Sarkis/Arquivo da editora

5 Afinal, o que é filosofia? Consulte o texto de abertura deste capítulo e responda no quadro abaixo.

Standard Studio/Shutterstock

A letra grega *phi* é o símbolo da filosofia.

Capítulo 14

Onde surgiu a filosofia?

Só sei que nada sei por inteiro, só sei que nada sei que só eu saiba, só sei que nada sei que não possa ainda vir a saber.

CORTELLA, Mario S. ***Vida e carreira:* um equilíbrio possível?** Disponível em: <https://tinyurl.com/hs65mpg>. Acesso em: 4 out. 2016.

Olga Kot Photo/Shutterstock

O Teatro de Herodes, na Acrópole de Atenas, Grécia, foi construído no século II d.C., em homenagem à falecida esposa de Herodes Ático, chamada Aspásia Regilla. O local ainda está ativo e abriga o Festival Helênico, evento anual de música, dança e teatro.

A filosofia surgiu na Grécia, onde também nasceram a democracia, os jogos olímpicos e os fundamentos da ciência e do teatro.

A língua portuguesa possui muitas palavras com origem grega, como Bíblia, dinossauro, geografia, etc.

Neste capítulo, vamos conhecer um pouco mais sobre esse país e suas características.

Os mitos eram muito importantes para a sociedade grega, já que representavam a única explicação que os gregos tinham sobre temas complexos, como a origem do Universo, ou mesmo para temas simples, como a formação das ondas do mar.

Para os povos da Antiguidade, os deuses eram responsáveis por tudo, pois orientavam a vida das pessoas e o governo das cidades. As pessoas acreditavam que tudo o que existia no mundo era controlado pelos deuses: os fenômenos naturais, os relâmpagos, os trovões, a chuva, a seca e até as plantações. Tudo dependia da vontade dos deuses, principalmente de Zeus, o rei dos deuses.

Os gregos acreditavam que até o futuro podia ser previsto pelos deuses. Na cidade de Delfos, no templo dedicado ao deus Apolo, as pessoas costumavam ir para consultar os oráculos (intérpretes dos deuses) sobre o que poderia acontecer no futuro. Por exemplo: perguntavam sobre o futuro de uma pessoa, sobre o resultado de uma disputa esportiva ou sobre o desfecho de uma guerra.

Na cidade de Delfos também se cultuava, além do deus Apolo, a deusa Atena. Vista panorâmica das ruínas do Templo de Atena, em Delfos, na Grécia, construído no século IV a.C. Foto de 2015.

Giannis Katsaros/Alamy Stock Photo/ Fotoarena

Deuses dominadores

O povo era "dominado pelos deuses". Vivia com medo das ameaças e dos castigos das entidades superiores. Essas crenças começaram a mudar por causa do surgimento da filosofia. Os filósofos passaram a procurar a verdade ao refletir a respeito da origem dos fatos sociais e naturais. Tudo foi examinado pelo crivo da razão e do raciocínio.

Apesar disso, o povo não foi libertado dessa mentalidade de um dia para outro, mas aos poucos, ao longo do tempo. Ainda hoje, a filosofia busca ajudar as pessoas a refletir sobre o significado da vida, do Universo, do amor, da felicidade, da morte e de tudo aquilo que fizer parte da realidade.

Para ler e pensar

A verdade da razão

Com a filosofia, pela primeira vez em toda a história da humanidade, o ser humano analisa a realidade não de acordo com os mitos, mas conforme a verdade da razão.

Até então, em todas as culturas, o homem submetia seu pensar aos mitos. Os filósofos gregos, ao contrário, acreditavam que tinham capacidade para interpretar a realidade pela própria razão.

Os mitos gregos, porém, continuam importantes até hoje pelo que representam para as artes e as ciências, principalmente para a Psicologia.

Texto elaborado com base em: CORDI, Cassiano et al. *Para filosofar*. São Paulo: Scipione, 2013.

Museus Capitolinos, Roma, Itália/De Agostini Picture Library/Bridgeman Images/Easypix Brasil

Busto de Pitágoras. Esculpida em mármore, a peça está no Museu Capitolino, em Roma, e data do ano 550 a.C. Pitágoras foi um dos primeiros filósofos da humanidade.

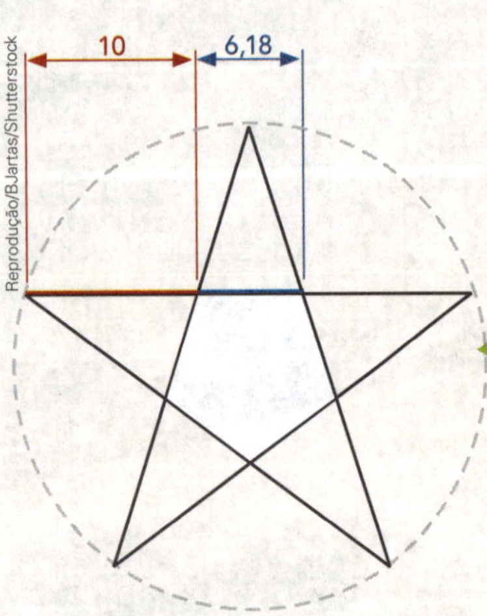

Reprodução/BJartas/Shutterstock

O pentagrama foi o símbolo da escola de Pitágoras. Ele descobriu que as proporções do pentagrama eram iguais às da proporção áurea. Ou seja, o pentagrama é obtido traçando-se as diagonais de um pentágono regular.
O pentágono menor, formado pelas interseções das diagonais, está em proporção com o pentágono maior, de onde se originou o pentagrama.

Atividades

Trocando ideias

1 **Vamos fazer uma comparação entre a criança e a humanidade. Leia as propostas e converse sobre elas com o professor e os colegas.**

a) Algumas crianças acreditam em Papai Noel, coelhinho da Páscoa, cegonha e contos de fadas.

- Por quê? ______________________________

____

- Por quanto tempo? ______________________________

____

- O que faz com que elas parem de acreditar nessas histórias? ______________________________

____

b) De modo semelhante, grande parte da humanidade acreditou em verdades inquestionáveis durante muito tempo.

- Quais eram essas verdades? ______________________________
- O que fez com que a humanidade mudasse? ______________________________
- O que surgiu no lugar das crenças fantasiosas? ______________________________

2 **O que é, o que é?**

a) Um pequeno país,
berço da democracia,
berço dos jogos olímpicos,
berço da filosofia.

É ______________________________.

b) Arte de pensar,
uso do raciocínio,
busca da verdade,
amor à sabedoria.

É ______________________________.

Vamos refletir?

3 **Leia o texto jornalístico abaixo e responda ao que se pede.**

> Desde menino tenho veneração pela Grécia. Esse foi sempre um lugar mítico, um espaço pertencente a outra dimensão, onde vivem os matemáticos, pensadores, oradores, artistas, heróis e inventores. Berço de quase tudo o que nós, ocidentais, conhecemos por civilização, a Grécia é um "não lugar", uma vez que está em tudo [...].
>
> GEHLEN, Joel. *A notícia de Joinville*, Joinville, 7 jun. 2012. p. 3.

a) O autor confirma a importância da Grécia na história da civilização ocidental. Copie a frase que, em sua opinião, expressa isso mais claramente.

____

____

b) Foram citadas várias categorias de intelectuais que se destacaram na Grécia. Sublinhe essas categorias no texto e escreva-as abaixo.

____

____

c) Em qual dessas categorias de intelectuais os filósofos se encaixam? Explique.

____

____

4 **Circule uma letra sim e uma não e descubra duas valiosas informações. Comece circulando a primeira letra.**

N	F	Ã	I	O	L	S	O	E	S	E	O	N	F
S	A	I	R	N	É	A	P	F	R	I	O	L	C
O	U	S	R	O	A	F	R	I	A	A	V	M	E
A	R	S	D	E	A	N	D	S	E	I	E	N	M
A	T	-	O	S	D	E	A	A	S	F	A	I	S
L	C	O	O	S	I	O	S	F	A	A	S	R	*

a) Agora junte todas as letras circuladas e descubra o que dizia o filósofo alemão Immanuel Kant sobre a filosofia.

____

____

____

b) Junte também as letras não circuladas e descubra outra informação.

____

____

____

c) Com base nessas informações, justifique o título desta unidade.

____

____

Pensando juntos

5 **O povo antigo vivia dominado pelos deuses e pelo destino porque ainda não tinha desenvolvido as ciências.**

a) E hoje, quais são os falsos "deuses" que iludem e dominam muita gente? Comente com um colega e circule.

- A ditadura da moda.
- O trabalho.
- O consumismo.
- As propagandas.
- A internet.
- As drogas.

Propagandas em Nova York, Estados Unidos. Foto de 2016.

Sean Pavone/Alamy Stock Photo/Fotoarena

b) Em sua opinião, por que muitas pessoas se deixam dominar por esses falsos "deuses", sem reagir?

____

____

____

Capítulo 15

Os primeiros filósofos

Podemos dizer que os filósofos da natureza deram os primeiros passos na direção de uma forma científica de pensar.

GAARDER, Jostein. ***O mundo de Sofia***. São Paulo: Cia. das Letras, 2013. p. 44.

U. Gernhoefer/Alamy Stock Photo/Fotoarena

Vista aérea do mar Egeu, na costa da Ática, região administrativa e histórica da Grécia, de onde provêm os primeiros filósofos da humanidade. Foto de 2016.

A filosofia inclui todo tipo de investigação sobre a vida e a morte, conforme já vimos. Os primeiros filósofos gregos buscavam interpretar o mundo com o uso da razão, do raciocínio. Queriam saber de que é feito o mundo, como funciona e por que é como é. Eles buscavam pensar, utilizando argumentos, análises diversas, debatendo e propondo ideias novas.

Neste capítulo, vamos conhecer as ideias dos primeiros filósofos gregos e como eles criaram as explicações para entender o mundo.

Tales de Mileto

Os primeiros filósofos começaram a examinar a natureza e a se questionar: De que são feitas as coisas? Qual é a origem de tudo o que existe?

Tales foi o pioneiro dessa escola filosófica. Ele vivia na cidade de Mileto, antiga colônia grega que hoje se localiza na Turquia. Examinando racionalmente os fenômenos naturais, Tales chegou à conclusão de que a água é o princípio de tudo o que existe na natureza. Tudo é composto de água, pois ela é essencial à vida e é capaz de se mover e de se transformar. Ora é água, ora é vapor, ora é gelo, e tudo acaba voltando a ser água.

Teatro de Mileto, cidade natal do filósofo Tales, hoje localizada na Turquia. Foto de 2014.

O princípio de Tales não resolve a complexidade da natureza. Mas tem o mérito de ser a primeira tentativa de entender os fenômenos físicos com base na razão e na observação, e não nos mitos. A partir desse momento, os filósofos não dependem mais dos deuses para compreender a natureza.

Anaxímenes

Anaxímenes também foi um filósofo que viveu em Mileto. Para ele, o ar é a substância básica que gera todas as coisas. Dele as coisas nascem e se dissolvem de novo. Ele dizia: "Assim como o ar dá vida ao corpo humano, outro tipo universal de ar dá vida ao mundo". Além de filósofos, Tales e Anaxímenes também deram início à ciência, que até hoje estuda a origem, a composição e a evolução do cosmo.

Gravura representando o filósofo grego Anaxímenes de Mileto (585 a.C-528 a.C.).

Para ler e pensar

Filosofia

Filosofia é o que todos fazemos quando estamos livres de nossas atividades cotidianas e temos uma chance de nos perguntar o que é a vida e o Universo. Nós, humanos, somos criaturas naturalmente curiosas e não conseguimos deixar de fazer perguntas sobre o mundo à nossa volta e o nosso lugar nele. Também somos equipados com uma capacidade intelectual poderosa, que nos permite tanto raciocinar como apenas divagar. Ainda que não o percebamos, ao raciocinar praticamos o pensamento filosófico.

BUCKINGHAM, Will; BURNHAM, Douglas. *O livro da filosofia*. Rio de Janeiro: Globo, 2011. p. 12.

Atividades

Pensando juntos

1. Ar ou água? Em duplas, simulem um encontro entre os primeiros filósofos. Façam de conta que vocês são Tales e Anaxímenes. Frente a frente, cada um defenderá seu ponto de vista sobre a substância básica que deu origem a tudo: Foi o ar ou foi a água? Leiam o texto novamente e anotem seus argumentos.

Tales	Anaxímenes
• ______	• ______
• ______	• ______
• ______	• ______
• ______	• ______
• ______	• ______
• ______	• ______

2. Conversem e respondam juntos.

a) Tales e Anaxímenes foram curiosos como as crianças costumam ser? Expliquem.

______

b) Na opinião de vocês, o mundo hoje está precisando de filósofos? Expliquem.

______

Trocando ideias

3 Leia a história abaixo e converse sobre ela com o professor e os colegas. Depois responda.

Biry Sarkis/Arquivo da editora

Glorinha era muito curiosa. Fazia tantas perguntas que deixava sua família de cabelo em pé. Mas seus pais decidiram responder-lhe sempre e tudo.

– Onde o Sol está quando é de noite?

– O que é o arco-íris?

– O que faz o vento ventar?

– Por que a flor murcha?

– Onde acabam as estrelas?

– Como é que a aranha faz teia?

– De onde foi que eu vim?

Ufa! No meio de tantas perguntas, onde e como achar as respostas? Muitas coisas os pais não sabiam responder. E aí, ficavam curiosos também. Perguntavam e pesquisavam junto com a filha, até achar as respostas.

Tudo naquela família, então, se modificou: todos se tornaram pensadores, perguntadores e pesquisadores... E assim fizeram muitas e muitas descobertas maravilhosas.

– Eu não sabia que vivia em um mundo tão interessante!, exclamava o pai.

– Acho que a nossa filha merece um prêmio!, sugeria a mãe.

– Eu já recebi o prêmio!, completava a filha. – O meu prêmio é poder viver neste mundo tão interessante!

Texto elaborado com base em: ALMEIDA, Fernanda L. *A curiosidade premiada*. 30. ed. São Paulo: Ática, 2011.

a) O que essa família fez pode ser considerado filosofia? O que você acha?

____

____

____

b) Você se acha curioso(a)? Comente.

____

____

____

c) Quais aspectos da natureza mais intrigam você?

____

____

____

4 Leia com atenção os quadrinhos e responda ao que se pede.

QUINO, Joaquín S. L. *Mafalda 2*. São Paulo: Martins Fontes, 2006. p. 62.

a) Em sua opinião, o que Mafalda e Filipe estão fazendo é filosofia? Explique.

____

____

b) Qual dos dois está mais interessado no assunto? Comente.

____

____

c) Com qual dos dois você se acha mais parecido? Por quê?

____

____

____

d) Você conhece pessoas que agem como Filipe? E como Mafalda? Comente.

____

____

____

____

____

5 Todo ser humano possui uma poderosa "ferramenta" intelectual que deve ser bem desenvolvida e bem usada. Qual é?

Encontre a resposta seguindo os números e ordenando as letras do quadro ao lado.

3 – C	9 – I	5 – O	10 – O	8 – N
2 – A	6 – C	4 – I	1 – R	7 – Í

____

- Como e em que situações você usa essa ferramenta?

____

____

____

____

Saiba mais

O mundo de Sofia. Direção: Erik Gustavson. Noruega, 2000. 2 DVDs.

Filme baseado no livro de mesmo nome escrito pelo norueguês Jostein Gaarder.

Ao completar 15 anos, Sofia recebe uma carta que a faz repensar toda a sua vida. A partir daí ela vivencia aventuras que a levam à Grécia antiga, passando pela Itália medieval até a Alemanha moderna, conhecendo grandes pensadores da filosofia e aprendendo com eles.

Reprodução/AB Svensk Filmindustri/Versátil Home Video

Bíblia, um livro fascinante

A Bíblia é o livro **sagrado** do cristianismo. Ela constitui um dos livros mais importantes do mundo. Começou a ser escrita há mais de 3 mil anos e já foi traduzida para mais de 2 mil línguas. Ela tanto influenciou o modo de viver de bilhões de pessoas como enriqueceu a cultura mundial com suas histórias, poemas e reflexões.

Para muitas pessoas, a Bíblia é considerada o livro sagrado que mais influenciou a nossa civilização. O cristianismo, com seus 2 bilhões de seguidores, fez da Bíblia o livro mais lido e mais traduzido no mundo.

Ela está diariamente nas mãos de milhões de pessoas que professam uma das muitas doutrinas cristãs. Além de estar, é claro, também nas mãos dos judeus, que foram os autores dos livros da primeira parte da Bíblia (Antigo ou Primeiro Testamento).

De que trata a Bíblia? Ela narra e comenta a **epopeia** de um Deus único, criador do Céu e da Terra, para formar um povo que o amasse sobre todas as coisas e que amasse o próximo como a si mesmo. Para isso, estabeleceu com o povo eleito um contrato, um testamento, mediante a entrega das tábuas dos Dez Mandamentos a Moisés. Esses mandamentos constituem os fundamentos da convivência humana. Não há Constituição de país que não contenha ao menos alguns deles.

> **Sagrado:** tudo o que está relacionado ou é inerente a uma divindade. São sagrados, por exemplo, os templos ou qualquer lugar onde se cultua uma divindade, assim como os objetos usados nos cultos ou rituais. O mesmo se diz dos livros das religiões.

> **Epopeia:** conjunto de acontecimentos incomuns ou de ações honrosas que provocam grande admiração.

A Bíblia é um livro que encanta até quem não pratica nenhuma religião. Além de trazer ensinamentos religiosos, a Bíblia enriqueceu a literatura universal com muitos dramas e histórias emocionantes.

- Você já ouviu falar do Paraíso, com Adão, Eva e a serpente? Está na Bíblia.
- Você já ouviu falar do dilúvio universal? Está na Bíblia.
- E da fuga dos hebreus do Egito, tema de tantos filmes? Está lá.
- Já ouviu falar daquele profeta (Jonas) que foi engolido por uma baleia? Está lá.
- E da história de Sansão e Dalila, que também já foi filmada várias vezes? Está lá.
- E a do menino Davi, que derrotou o gigante Golias com um simples estilingue? Também está presente na Bíblia.

André Valle/Arquivo da editora

Há ainda as parábolas e histórias do Novo ou Segundo Testamento. Quem não se comove com a história do filho pródigo? E a parábola do pastor que deixou suas 99 ovelhas no curral e saiu desesperado em busca daquela que se desgarrou?

A Bíblia é dividida em duas grandes partes: o Antigo Testamento e o Novo Testamento.

Na Bíblia, testamento significa "aliança" (compromisso, contrato).

Por que o anel de casamento chama-se aliança?

O casamento é uma aliança entre duas pessoas que juram se amar e ser fiéis uma à outra para sempre. A aliança é selada, ou seja, confirmada por um documento – a certidão de casamento. Além disso, os casados carregam no dedo anular da mão esquerda um anel, símbolo da aliança. Com o tempo, o anel passou a ser chamado aliança por representar o compromisso, o contrato.

O Antigo Testamento

O Antigo Testamento conta a aliança que Deus fez com o povo hebreu. A história dessa aliança é a história do povo hebreu, com seus momentos de fidelidade e infidelidade a Deus, suas alegrias e sofrimentos, seus sucessos e fracassos no decorrer de quase 2 mil anos.

O Novo Testamento

O Novo Testamento narra a aliança que Jesus Cristo, o Filho de Deus, estabeleceu. Essa aliança não é feita com apenas um povo, como acontece no Antigo Testamento, mas com todos os povos que queiram segui-la.

Art Collection 3/Alamy Stock Photo/Fotoarena

Página de um dos mais antigos manuscritos da Bíblia, o *Codex Vaticanus*, datado do século IV. Consta na imagem o início da 2ª Carta de Paulo aos Tessalonicenses.

Antigo Testamento → Deus + Povo hebreu

Novo Testamento → Deus + Humanidade

A Bíblia aborda muitos assuntos diferentes. Em geral, cada assunto forma um livro. O Novo Testamento é a parte da Bíblia que trata da aliança que Jesus fez com toda a humanidade. Ele inclui:

- os quatro Evangelhos (Mateus, Marcos, Lucas e João);
- os Atos dos Apóstolos;
- as Epístolas (cartas);
- o Apocalipse.

Os Evangelhos

A palavra evangelho, em grego, significa "boa notícia". Os quatro Evangelhos trazem mais ou menos o mesmo conteúdo: a vida e os ensinamentos de Jesus, ou seja, a aliança de Jesus com todos os seres humanos.

Os livros da Bíblia

Na verdade, a Bíblia constitui uma pequena biblioteca, pois engloba muitos pequenos livros: a católica, por exemplo, possui 73 livros, enquanto a de outras igrejas cristãs admite 66. O primeiro livro chama-se Gênesis, pois trata da origem do mundo e do ser humano. O último livro é o Apocalipse.

Entre um e outro, há o livro do Êxodo, que conta a saída do povo hebreu do Egito; os livros dos profetas, que eram corajosos e considerados uma ameaça aos poderosos da época; o livro dos Salmos, que contém poemas de louvor a Deus; o livro dos Provérbios; o livro do Eclesiastes, que diz que não há nada de novo na face da Terra e que tudo é vaidade das vaidades; e até um livro sobre o amor humano: o Cântico dos Cânticos.

Placa esculpida em marfim do século X, representando o *Agnus Dei* (Cordeiro de Deus) e os quatro evangelistas: Mateus, simbolizado pelo homem; Marcos, pelo leão; Lucas, pelo touro; e João, pela águia.

Atividades

1 **Leia, pense e depois complete. Você conhece?**

- **Um livro que encanta e influencia...**

  ... que foi escrito durante centenas de anos.

  ... que está diariamente nas mãos de muitas pessoas.

  ... que pode transformar o modo de ser e de viver.

a) Esse livro chama-se ____________________ e é o livro ____________________ do cristianismo.

b) É também o ____________ mais lido e mais traduzido no ____________ inteiro.

c) Esse precioso livro contém ________________ sobre a convivência humana.

d) Você já viu esse livro? ____

e) Onde? ____

2 Releia o texto, reflita e responda às questões.

a) Qual é o significado da palavra sagrado?

b) Cite alguns objetos sagrados que você conhece, além da Bíblia.

3 Converse com o professor e os colegas e responda.

a) Como se divide a Bíblia?

b) O que significa a palavra "testamento" na Bíblia?

c) Qual é o conteúdo do Antigo Testamento?

d) De que trata o Novo Testamento?

4 A Bíblia é, na verdade, uma pequena biblioteca reunida em um único volume. Consulte o índice de uma Bíblia e descubra.

a) Quantos livros ela contém?

b) Como se chamam o primeiro e o último livro da Bíblia?

c) Qual é o último livro do Antigo Testamento?

d) Qual é o primeiro livro do Novo Testamento?

Bibliografia

Religião

Os livros sugeridos abaixo trazem noções básicas das principais religiões do mundo. Ricas em imagens e com pesquisas sólidas, as obras revelam como e onde surgiram várias crenças religiosas, seus rituais, mandamentos, as localidades com maior número de praticantes, etc.

CARIELLO, Sergio. *Bíblia em ação:* a história da salvação do mundo (HQ). Santo André: Geográfica, 2011.

FINE, Doreen. *O que sabemos sobre o judaísmo?*. 2. ed. São Paulo: Callis, 2009. (O que sabemos sobre).

FREEDMAB, Paul et al. *O livro das religiões*. 2. ed. São Paulo: Globo, 2016. (As grandes ideias de todos os tempos).

GANERI, Anita. *O que sabemos sobre o budismo?*. 2. ed. São Paulo: Callis, 2009. (O que sabemos sobre).

______. *O que sabemos sobre o hinduísmo?*. 2. ed. São Paulo: Callis, 2009. (O que sabemos sobre).

HUSAIN, Shahrukh. *O que sabemos sobre o islamismo?*. 2. ed. São Paulo: Callis, 2009. (O que sabemos sobre).

VERGER, Pierre Fatumbi. *Lendas africanas dos orixás*. 4. ed. Salvador: Corrupio, 2011.

WATSON, Carol. *O que sabemos sobre o cristianismo?*. 2. ed. São Paulo: Callis, 2009. (O que sabemos sobre).

WILKINSON, Philip. *Religiões*. Rio de Janeiro: Zahar, 2011. (Guia Ilustrado Zahar).

Mitologia

As mitologias dizem muito sobre a cultura de um povo e constituem sua forma de explicar os fenômenos que não compreendem por outros meios. A mitologia da Grécia antiga é uma valiosa fonte de conhecimento sobre religião e artes. Até hoje os mitos gregos influenciam a ciência, a arte, as leis e a cultura em geral.

BELLINGHAM, David. *Introdução à mitologia grega*. Lisboa: Estampa, 2000.

BULFINCH, Thomas. *O livro da mitologia*. 2. ed. São Paulo: Martin Claret, 2015.

FRANCHINI, A. S.; SEGANFREDO, Carmen. *As melhores histórias da mitologia nórdica*. 13. ed. Porto Alegre: Artes e Ofícios, 2013.

POUZADOUX, Claude. *Contos e lendas da mitologia grega*. São Paulo: Cia. das Letras, 2001.

WILKINSON, Philip; PHILIP, Neil. *Mitologia*. 2. ed. Rio de Janeiro: Zahar, 2010. (Guia Ilustrado Zahar).

Filosofia

A filosofia surgiu na Grécia antiga e se espalhou pelo mundo. Ela gerou novas ideias e possibilidades, ensinando o ser humano a conviver com a pluralidade de opiniões. Além de ajudar a desenvolver a capacidade crítica, os estudos filosóficos conduzem à melhor compreensão dos diversos dilemas vivenciados pela humanidade.

GAARDER, Jostein. *O mundo de Sofia*. São Paulo: Cia. das Letras, 2012.

HEER, Margreet de. *Filosofia em quadrinhos para principiantes*. São Paulo: Cultrix, 2013.

LAW, Stephen. *Filosofia*. 3. ed. Rio de Janeiro: Zahar, 2008. (Guia Ilustrado Zahar).

MICHAUD, Yves. *Filosofia para adolescentes*. São Paulo: Escala Educacional, 2007.

NAGEL, Thomas. *Uma breve introdução à filosofia*. 3. ed. São Paulo: WMF Martins Fontes, 2011.

SAVATER, Fernando. *Uma história descomplicada da filosofia*. São Paulo: Planeta do Brasil, 2015.

Fábulas

As fábulas são histórias curtas e antigas, cujos personagens geralmente são animais que falam e se comportam como seres humanos, reproduzindo inclusive seus defeitos e qualidades. O mais interessante nas fábulas são seus finais, sempre surpreendentes e curiosos.

LA FONTAINE, Jean de. *O melhor de La Fontaine:* fábulas. São Paulo: Escrituras, 2012.

LOBATO, Monteiro. *Fábulas*. 2. ed. São Paulo: Globo, 2012.

MOGENET, Jean-Philippe. *Fábulas de Esopo*. São Paulo: Cia. das Letrinhas, 2013.

PERRAULT, Charles. *Contos da mamãe gansa*. São Paulo: Cosac Naify, 2015.

Outras obras importantes

DRUON, Maurice. *O Menino do Dedo Verde*. Rio de Janeiro: José Olympio, 2016.
Com seu polegar verde, o menino pode fazer germinar e florescer qualquer semente, mesmo as invisíveis para nossos olhos. As flores que nascem não deixam o mal crescer.

FRANK, Anne. *O diário de Anne Frank*. Rio de Janeiro: Record, 2013.
Talvez esse seja um dos diários mais famosos do mundo. A adolescente Anne Frank narra o tempo em que ficou escondida com sua família no sótão de uma casa na Holanda, durante a ocupação nazista na Segunda Guerra Mundial. O diário expressa os sentimentos de uma jovem na iminência de ser presa e na esperança de sobreviver ao terror. Há que se destacar a solidariedade da família que ocultou os Frank.

SAINT-EXUPÉRY, Antoine de. *O Pequeno Príncipe*. 51. ed. Rio de Janeiro: Agir, 2015.
O Pequeno Príncipe é considerado um dos livros mais importantes do século XX por causa dos ensinamentos éticos que traz. O personagem principal é um principezinho que viaja por vários planetas. Seus diálogos com os personagens com os quais interage (uma rosa, um homem solitário, uma raposa, entre outros) são encantadores. *O Pequeno Príncipe* é uma lição de vida, com noções de solidariedade, cidadania e ecologia. Crianças, jovens ou adultos, todos têm o que aprender com essa obra.

WILDE, Oscar. *O retrato de Dorian Gray*. Adaptação de Clarice Lispector. Rio de Janeiro: Rocco, 2016.
Dorian Gray é jovem, muito bonito e virtuoso. Sua beleza é retratada de tal forma em um quadro feito pelo pintor Basil Hallward que deixa transparecer toda a sua pureza e inocência. Mas a beleza que tanto chama a atenção das pessoas acaba se tornando a fonte de seus problemas. Diversos dilemas vão se apresentando no decorrer desse clássico adaptado por Clarice Lispector, uma das maiores escritoras brasileiras.